DR. MED. ANNE FLECK

DIE 70 EINFACHSTEN GESUND-REZEPTE

GOLDMANN

DR. MED.
ANNE FLECK

DIE 70 EINFACHSTEN GESUND-REZEPTE

UNKOMPLIZIERT UND GESUND KOCHEN MIT DOC FLECK

Mit Rezepten von Su Vössing
Mit Fotos von Hubertus Schüler

GOLDMANN

Der Verlag dankt allen Beteiligten, die durch ihre Mithilfe und Unterstützung zum Gelingen dieses Buches beigetragen haben. Für ihre unermüdlichen Bemühungen um die außerordentliche Qualität danken wir Johanna Hänichen, Melanie van Bentum, Justyna Schwertner, Ellen Schlüter, Philine Anastasopoulos, Maja Sauvant, Anne Krause und Valerie Mayer.

MIX
Papier aus verantwortungsvollen Quellen
FSC® C021956

Penguin Random House Verlagsgruppe FSC® N001967

2. Auflage
Vollständige Taschenbuchausgabe April 2022

Texte: Dr. med. Anne Fleck
Rezepte: Su Vössing
Fotos: Hubertus Schüler
Assistenz Food-Fotografie: Benedikt Koester
Food-Styling: Stefan Mungenast
Umschlag: Uno Werbeagentur unter Verwendung
eines Entwurfs von Justyna Schwertner
Umschlagmotive: Hubertus Schüler (Food-Fotos), Justyna Schwertner (Autorenfoto)
Buchgestaltung, Illustrationen: Melanie Müller-Illigen
Projektleitung: Johanna Hänichen
Projektassistenz: Philine Anastasopoulos
Fachlektorat Rezepte: Sebnem Yavuz
Lektorat: Doreen Köstler
Satz: Uhl + Massopust, Aalen
Druck und Bindung: Alcione, Trento
Printed in Italy
IH · KW
ISBN 978-3-442-17939-8

www.goldmann-verlag.de

Inhalt

Eine Ermunterung

Wir leben in seltsamen Zeiten. Tagtäglich wirken glitzerndes Marketing, vage Hypes und neue bunte Schlagzeilen zum Thema »Gesundheit und Ernährung« auf uns ein. In unserem Inneren bleibt die Sehnsucht nach einem erfüllten Leben in Gesundheit eine feste Größe – dem einen bewusst, dem anderen weniger.

Gesundheit ist aber nicht nur Schicksal, Zufall oder die unaufhaltsame Folge unseres scheinbar festgezurrten Genkorsetts. Nein! Wir sind unseren Genen nicht ohnmächtig ausgeliefert. Denn Ernährung hat – wie Bewegung, Schlaf, seelische Balance und gute Gemeinschaft mit Menschen, die uns am Herzen liegen – immensen Einfluss auf unsere Gesundheit. Die Wissenschaft der Epigenetik bestätigt diese optimistische Annahme: Was aus unseren Genen wird, liegt auch in unserer Hand. Essen kann uns gesund erhalten oder in den Krankenstand füttern.

»Gesunde Ernährung« klingt sperrig, kompliziert und wie ein anstrengendes Szenario. »Du darfst nicht«-Berichte und komplizierte Ratschläge mit erhobenem Zeigefinger überfordern und verunsichern uns: »We are still confused, but on a higher level.« Und genau an dieser Stelle will ich Mut machen und widerspreche: Gesundes Essen ist einfach! Modernes gesundes Essen bedeutet weg vom Komplizierten hin zum Einfachen und orientiert sich – ohne rigide Dogmen – am Stand der Wissenschaft. Gesunder Genuss und Lässigkeit gehören zusammen.

Dieses Buch will Sie nicht nur über gesundes Einkaufen, Etiketten, Zusatzstoffe etc. informieren – es will Sie mit der Freude am gesunden Essen anstecken. Die für Sie mit der Sterneköchin Su Vössing entwickelten Rezepte sind sorgsam und liebevoll in ihrer Einfachheit ausgeklügelt, sodass man ohne Kopfzerbrechen um Nährstofftabellen Zugang finden kann. Nicht Nährstoffbilanzen, sondern Lebensmittel und gesundes Maß bestimmen die Gesamtwirkung der Mahlzeit auf unseren Organismus.

Wenn wir selbst Essen zubereiten, wählen wir unsere Lebensmittel bewusst aus. Ausreißer lasse ich gelten. Auch der Gesundesser in Teilzeit tut sich bereits etwas Gutes. Die Ausrede »Ich kann nicht kochen« zählt nicht wirklich. Kochen macht sympathisch. Menschlich. Kochsendungen suggerieren, dass Kochen enorm herausfordernd ist. Eingeschüchtert von den glänzenden Töpfen, Requisiten und Schneidekünsten der Köche resignieren viele zu schnell. Traurige Ironie: Immer mehr Menschen schauen am Fernseher anderen Menschen beim Kochen zu. Wir kochen nicht mehr und lassen eine unserer einfachsten und besten Traditionen verkümmern. Unser versteckter Perfektionismus und unser Zeitmangel spielen uns einen fatalen Streich. Auch ohne Ausbildung zum Kochprofi oder ein Diplom im Gemüseschneiden sollten wir den Schritt wagen, für uns selbst zu kochen – und das mit mehr Gelassenheit.

Fühlen Sie sich an dieser Stelle liebevoll auf die Schulter geklopft und animiert, den Kochlöffel selbst in die Hand zu nehmen. Jeder von Ihnen ist ein Unikat mit eigenen Vorlieben, Verträglichkeiten und Talenten. Machen Sie was draus, denn gesund zu essen ist einfach.

So is(s)t es!

Dr. med. Anne Fleck

Fachärztin für Innere Medizin, Rheumatologie,
Ernährungsmedizin und Präventivmedizin

THEORIE

EINFACH GESUND ESSEN?

»Einfach gesund essen – was heißt das?« Diese Frage wird mir häufig gestellt. Die Frage klingt so simpel und ist doch diffizil, will man sie in einer Art beantworten, die auch dem einzelnen Menschen gerecht wird. Denn gesundes Essen ist meiner Meinung nach auch etwas sehr Persönliches, etwas ganz Individuelles nach Vorlieben, Verträglichkeit, Tradition und Alltagssituation.

Wir Menschen haben das einfache gesunde Essen verlernt. Das mag provokant klingen, aber in meiner täglichen Praxis sehe ich folgendes Phänomen: Viele können einfach nur noch schlucken, wie ein hungriger Pelikan. Aber gesund zu essen bedeutet auch, bewusst zu essen und zu genießen.

Das Wissen um die optimale Ernährung nach den wissenschaftlich neuesten Erkenntnissen ist bedeutsam, aber nicht weniger wichtig ist eine gesunde Esskultur, in der einfache vollwertige Zutaten und das gesunde Kauen unabdingbar sind und eine Mahlzeit in guter Gemeinschaft auch eine Rolle spielt. Inzwischen belegen Studien, dass Essen in guter Gemeinschaft sogar präventionsmedizinisch sinnvoll ist und unsere Gesundheit fördert.

Tummele ich mich im Internet zum Thema »gesunde Ernährung«, fühle ich mich wie in einer Komödie der Irrungen oder vielmehr einer Tragödie. Der Trend zur Suche nach neuen Hypes verunsichert. Leicht verliert man den Blick für das Wesentliche. Ausgewiesene oder selbsternannte Experten klammern sich (noch) an seit Jahren überholte Weisheiten – zum Beispiel: »Fettarm ist gesund.« Die wissenschaftliche Evidenz bleibt zuweilen auf der Strecke. Doch was in unseren Köpfen jahrzehntelang zementiert wurde, sitzt felsenfest.

Um etwas Licht ins Dunkle zu bringen, will ich neueste Erkenntnisse verständlich rüberbringen und Sie, liebe Leserinnen und Leser, ermutigen: Gesund zu essen ist einfacher, als man glaubt. Gerade im vergangenen Jahr hat sich Erfreuliches an der Ernährungsfront getan. Alte Ernährungsmythen wackeln, langsam sickern Erkenntnisse, die zu Unrecht geschmäht wurden, in offizielle Ernährungsempfehlungen, zum Beispiel in den USA und Kanada. Das über Jahre gegen jede wissenschaftliche Evidenz verachtete Fett beispielsweise verliert peu à peu das Image des bösen Dickmachers. Na endlich! Grund also zu einem vorsichtigen Optimismus. Bevor ich mich in Details verliere, an dieser Stelle eine wichtige Anmerkung vorweg:

Sie sollten bitte niemals ein sogenannter Foodie werden, also ein Mensch, dessen Alltag sich nur um das Thema »gesundes Essen« dreht und für den die Diskussion über Ernährung einer Ersatzreligion gleichkommt. Zunehmend betrachte ich mit Sorge den Zuwachs an Menschen mit einer Orthorexia nervosa, also Menschen, die zwanghaft im Denken verhaftet sind, nur noch ganz richtig zu essen, und die sich zum Beispiel nach dem Naschen von Schokolade in Schuldkomplexen wälzen. Nein danke! So soll und darf es nicht sein. Um langfristig gesund zu bleiben, genügt etwas Wissen über moderne Ernährungslehre und über die einfache, unkomplizierte Art der Umsetzung im Alltag. Ernährung ist einer der entscheidenden Schlüssel zur Gesundheit, davon bin ich überzeugt. Du bist, was du isst. Aber mit einer gesunden Distanz zu übertriebenen Extremen, dafür mit Freude am Genuss.

EINFACHE RITUALE

Seit Jahren kritisiere ich, dass die Diskussion um gesunde Ernährung unsere Kultur des Essens unberücksichtigt lässt. Diese teilweise verstörende Debatte um das »WAS esse ich?« nimmt so viel Raum ein, dass wir das »WIE esse ich?« vernachlässigen. Dabei sind die Rituale des Essens in Gemeinschaft in unserer Tradition verhaftet, der historische Brauch des gemeinsamen Essens wird seit Jahrtausenden zelebriert. Durch diese soziale Interaktion mit Menschen steigert sich auch die Vielfalt der Ernährung und folglich auch die Gesundheit. Oder essen Sie jeden Abend im Kreis Ihrer Lieben das identische Gericht, Brot mit Käse, Brot mit Wurst? Wind of Change! Schenken wir unserem Essen einen Moment echter Wertschätzung! Schärfen wir die Achtsamkeit für die Umstände, wie wir essen! Schärfen Sie Ihren Blick, Ihre Sinne, verabreden Sie sich! Und schaffen Sie einfache Rituale! Kleine Schritte, kleine Ziele. Eines der für mich wichtigsten Rituale: Essen Sie möglichst an einem Esstisch, auch wenn Sie allein leben. Es braucht keine Tischdecke, kein Tafelsilber, kein teures Porzellan. Und vergessen Sie nie das gesunde Kauen als ersten Schritt der guten Verdauung. Das Ritual des guten Kauens – kauen, bis ein Brei im Mund entsteht – wird nicht nur durch eine Linderung von Verdauungsbeschwerden wie Aufstoßen und Blähungen belohnt. Die über Jahre durch schnelles Runterschlingen oder durch Geschmacksverstärker in der Nahrung abgestumpften Geschmacksnerven erholen sich spürbar. Die Entdeckung der Gemeinschaft, des Kauens und der Langsamkeit als Ritual beim Essen schenkt Ihnen mehr Sinnlichkeit und Genuss. Der Mensch braucht umsetzbare Rituale und gleichzeitig Vielfalt. So wird gesunde Ernährung einfach.

Das Thema »gesunde Ernährung« wird zunehmend verzerrt diskutiert und ideologisiert. Lebensmittel sind mehr als nur die Summe ihrer Inhaltsstoffe. Es wäre eine naive Perspektive, unsere Nahrungsmittel nur noch auf Nährstoffe zu reduzieren und daraus dann die Definition des gesunden Essens abzuleiten. Dann würde prinzipiell eine Vitamintablette mit der höchsten Nährstoffkonzentration jedes ehrliche, einfache Gericht blass aussehen lassen. Ernährung ist fatalerweise zu einem reinen Bilanzieren von Nährstoffen verkommen. Diese Ideologie des sogenannten Nutritionism provoziert auch Widersprüche und Diskussionen ohne sinngebende Lösung.

Ein kleines, aber entscheidendes Puzzlestück fehlt in dieser Betrachtungsweise: Wir essen nicht nur, um nicht zu verhungern. Essen als soziokultureller Faktor hat einen entscheidenden positiven Einfluss auf unsere Gesundheit. Ein glänzendes Beispiel dafür bietet das sogenannte French Paradox, das den Wein liebenden und Fett konsumierenden Franzosen eine vergleichsweise gute Herzgesundheit attestiert. Gesundes Essen darf nicht auf eine banale Nährstoff- und Kalorienbilanz reduziert werden.

Statistische Daten der Ernährungswissenschaft liefern uns Zusammenhänge, aber nicht per se die ausschließliche Ursache von Krankheit. Fleisch- und Wurstesser leben recht ungesund, das belegen Daten. Aber was ist die genaue Ursache? Ist es das Rinderfiletstück allein – oder nicht vielmehr die Tatsache, dass Fleischkonsum oft mit weniger Liebe zum Gemüse einhergeht? Das bedeutet konkret: Insgesamt werden weniger Nährstoffe und wertvolle sekundäre Pflanzenstoffe, Antioxidantien, Faser- und Ballaststoffe aufgenommen. Dieses Argument ist wohl eher zutreffend.

VIELFALT UND BALANCE

Was wir täglich essen, ist genauso wichtig wie die Frage, was wir nicht essen. Doch was heißt das? Der Ruf nach Konkretisierung begründet auch den großen Erfolg einiger Konzepte wie Paleo-, Mediterran-, Low-Carb- und veganer Ernährung. Aber bringt es das?

Mein Tipp: Entspannt bleiben! Gesundes Essen ist einfach. Die bestmögliche Gesundheit, die wir alle wollen, erfordert eine Vielfalt an Nährstoffen. Wer also auf seinem Teller regelmäßig extrem viel Getreide oder häufig Fleisch hat und wenig Raum für andere Lebensmittel wie Gemüse, Nüsse, Samen und Obst lässt, könnte mit einem Manko an Nährstoffen Bekanntschaft machen. Vielfalt bedeutet saisonale Variation und bevorzugt regionale Auswahl. Mutter Natur ist in ihrer Genialität der beste Garant für Vielfalt. Wer sich zum Beispiel auf den einfachen und wunderbaren Wechsel der Jahreszeiten als Einkaufshilfe verlässt, bekommt schon mehr Abwechslung auf den Teller und mehr Lebensmittel mit den frischesten Nährstoffen, da die Ware nicht erst Zeit und Geld verschlingende und ökologisch unsinnige Transporte durchmacht. Vielseitig essen bedeutet auch Abenteuer. Paracelsus sagte zu Recht: »Alles ist Gift, es ist Gift in allem; die Dosis macht das Gift.« Ernährung braucht Balance. Extreme Dogmen wie »nur Rohkost, nie Getreide, nie Fleisch, keine Eier, kein Fett« sind wissenschaftlich bisher ohne eindeutige Evidenz und behindern eher auf dem Weg zur optimalen individuellen Ernährung. Gesundes Essen bedarf keiner Exoten und keiner Extreme.

ERNÄHRUNG – NEUESTER STAND DER FORSCHUNG

Was ist heute State of the Art? Historischer Rückblick: Vor etwa 100 Jahren wurden die gängigen Ernährungsempfehlungen formuliert: viele Kohlenhydrate, stärkehaltige und fettarme Lebensmittel. Diese kohlenhydratfixierte Ernährung mit Brot und Zucker ist für den bewegungsarmen Menschen von heute eine gefährliche Falle. Die legendäre 1963 veröffentlichte Seven-Countries-Studie macht als Ursachen für Übergewicht, metabolisches Syndrom, Herz-Kreislauf-Krankheiten und Bluthochdruck das Cholesterin und das Fett verantwortlich. Das daraus abgeleitete Fettarmdogma ist ein Irrtum. Mit Senken des Fettanteils und Steigern der Kohlenhydrate in der Ernährung klettert die Zahl der Übergewichtigen bei US-Amerikanern von 42 % auf 66 % im Zeitraum 1971–2011. Fett ist bisher mit dem Argument in Ungnade gefallen, dass es eine höhere Energiedichte (9 kcal/100 g) als Kohlenhydrate oder Eiweiße (jeweils 4 kcal/100 g) hat.

Aktuelle Ergebnisse deuten darauf hin, dass die Annahme »Die Zahl der Kalorien entscheidet, egal, woher sie stammen« obsolet ist. Vielmehr scheint es, dass die Grundnährstoffe Eiweiß, Fett und Kohlenhydrate sehr unterschiedlich auf unseren gesamten Hormonhaushalt und das Fettgewebe Einfluss nehmen. Die Forschung zeigt nämlich, dass die Reduktion der Kohlenhydrate bei einem inaktiven Lebensstil entscheidend ist, um Erkrankungen wie metabolisches Syndrom, Insulinresistenz und Diabetes mellitus vorzubeugen (European Society for Clinical Nutrition and Metabolism – ESPEN, Stand 2017). Ungünstig sind jedoch schlechtes Fett und die Kombination aus Fett und Kohlenhydraten: Lebensmittel wie Brot oder Croissants werden meist entweder mit Fett und Eiweiß in Form von Butter, Margarine, Käse oder Wurst belegt oder strotzen, gerade im Fall der Croissants, vor Zucker. Diese Kombination züchtet bei mangelnder Bewegung Übergewicht.

IM FOKUS: FETT, FLEISCH UND MILCH

Was sind gute und schlechte Fette? Studien belegen die Bedeutung der Omega-3-Fettsäuren. Eine Gefahr für die Gesundheit ist weniger die Menge an Fettsäuren, sondern die Kombination mit Kohlenhydraten und das Mengenverhältnis der Fettsäuren zueinander. Das Verhältnis von Omega-6-Fettsäuren zu Omega-3-Fettsäuren in der aufgenommenen Nahrung hat sich im Vergleich zu Zeiten unserer Ahnen von 3:1 auf bis zu 20:1 verschlechtert. Dieses Ungleichgewicht der Fettsäuren aktiviert chronisch entzündliche Prozesse als Ausgangspunkt vieler Erkrankungen. Es gilt, diesen Fehler durch eine ausgewogene Zusammensetzung der Mahlzeiten auszubalancieren. Inzwischen haben Fette, nicht nur die bekannten Vertreter der Omega-3-Fettsäuren, einen größeren Freifahrtschein. Die schlechten Fette sind Transfette aus industrieller Herstellung, zum Beispiel Billigmargarine, Frittierfett, gehärtetes Fett sowie empfindliche Pflanzenöle, wenn sie durch zu hohes Erhitzen oxidieren. Sogar die Transfette aus der Kuh in Butter und Milch, die viele Jahre im Verdacht standen, Herzerkrankungen zu provozieren, sind nach einer großen Metaanalyse (De Souza, 2015, BMJ) vom Vorwurf »gesundheitsschädlich« freigesprochen, ebenso die gesättigten Fette zum Beispiel aus Fleisch oder Kokosfett. Die Diskussion gegen gesättigte Fette – beispielsweise »Fleisch erhöht das Cholesterin« – wurde in der Vergangenheit unzureichend vertieft. Mit der Lupe betrachtet steigt das Gesamtcholesterin, aber genauer betrachtet das herzschützende HDL-Cholesterin und das nichtoxidierte LDL-Cholesterin, das keine Arterienverkalkung fördert. Das oxidierte LDL-Cholesterin, das wirklich böse, gefäßschädigende LDL-Cholesterin steigt per se nicht signifikant an.

Vor dieser Datenlage ist der moderate Verzehr von Fleisch ernährungswissenschaftlich tragbar. Gesundheitlich entscheidend jedoch ist die Qualität: Eine möglichst artgerechte Haltung und eine kraftfutterarme Ernährung sorgen für einen höheren Gehalt an Omega-3-Fettsäuren. Da Fleisch nährstoffärmer ist und einen sauren pH-Bereich aufweist, sollte es mit ausgleichendem Gemüse oder Obst verzehrt werden.

Milch und Milchprodukte sind beliebte Grundnahrungsmittel und stehen derzeit oft in der Kritik. Langzeitstudien und Bewertungen des Max-Rubner-Instituts, die den Zusammenhang von Milch und Milchprodukten mit Übergewicht, Herz-Kreislauf-Krankheiten, Diabetes mellitus und Krebs umfassend untersuchen, demonstrieren weitgehend übereinstimmend: kein erhöhtes Risiko durch Milchkonsum. Nur für Prostatakrebs findet sich ein eindeutig erhöhtes Risiko, möglicherweise auch für Akne vulgaris. Vollfette Milchprodukte enthalten mehr fettlösliche Vitamine (E, D, K, A – meine Eselsbrücke »EDEKA«), sind für Diabeteskranke empfohlen und schützen sogar besser vor Übergewicht als fettarme Produkte. Bei Neigung zu Allergien und Hauterkrankungen sowie bei bekannter Laktoseintoleranz sollte man kuhmilchfreie Alternativen (Schafsmilch, Ziegenmilch oder Milchersatz wie Reis-, Hafer-, Kokos- oder Mandeldrink ohne Zusätze) wählen. Gegen einen moderaten Konsum von Milch und Co. – etwa 250 mg/ml pro Tag – ist zum jetzigen Zeitpunkt kein lautstarker Einspruch zu erheben.

MODERNE ERNÄHRUNG – QUO VADIS?

In den vergangenen Jahren wird die Low-Carb-Methode (weniger Kohlenhydrate) systematisch erforscht und breit publiziert und zu Recht befürwortet. Aktuell zeigt sich jedoch, dass Low Carb nicht für jeden Menschen die optimale Ernährung ist und dass die Zufuhr von Kohlenhydraten immer in Abhängigkeit von individueller Konstitution und körperlicher Muskelarbeit dosiert werden sollte. Die moderne Ernährung geht einen dynamischen Schritt weiter: Kohlenhydrate werden flexibel nach Ausmaß der Bewegung aufgetischt. Wer aktiv ist und sich bewegt, kann mehr qualitativ gute, ballaststoffreiche Kohlenhydrate genießen als der Stubenhocker.

FAZIT FÜR DEN ALLTAG

In unserer Küche werden raffinierte leere Kohlenhydrate deshalb ersetzt durch

- wasser- und ballaststoffreiche, magenfüllende und antioxidativ wirkende Lebensmittel (Gemüse, Salate, Beeren, Pilze etc.),
- protein- und fettreiche Nahrungsmittel pflanzlichen Ursprungs (zum Beispiel Nüsse, Mandeln, Samen, Avocados, Oliven und ballaststoffreiche Hülsenfrüchte),
- qualitativ hochwertige Fette sowie
- in Maßen fette Meeresfische, Fleisch, Eier, Milch und Milchprodukte aus nachhaltiger Produktion.

Überzeugende Ernährungsleitlinien (zum Beispiel Heart and Stroke Foundation, Kanada 2017) empfehlen ausdrücklich gute Fette und setzen auf eine einfache, lebensmittelbasierte und nährstofforientierte Ernährung. Die Rezepte in diesem Buch spiegeln diesen modernen Ansatz, diese Vielfalt und Abwechslung wider. Dass sie trotzdem einfach zuzubereiten sind, ist Su Vössing zu verdanken, die ihre ganze Erfahrung als Spitzenköchin bei der Rezeptentwicklung eingesetzt hat, um mit minimalem Aufwand ein besonders gesundes und dabei geschmacklich perfektes Essen auf den Teller zu zaubern.

ESSEN KANN HEILEN – DIE STUNDE NULL

Es war eine sympathische Frau Ende 30, mit wässrig blauen Augen und dunklen Haaren namens Thea, die mich als junge Assistenzärztin vor etwa 17 Jahren in der Ambulanz des Universitätsklinikums durch die Frage »Was kann ich denn sonst noch tun?« berührte. Ich spürte ihre lähmende Ohnmacht im Umgang mit ihrer schweren Autoimmunerkrankung und ihrem deutlichen Übergewicht, gegen die sie trotz solider Medikation und radikaler Diätversuche nicht ankam. Es gibt Momente im Leben, an die man sich auch noch Jahrzehnte später haargenau erinnert. Aus einem Impuls fühlte ich, mit einer Umstellung der Ernährung könnte mehr gehen. Das war die Stunde null, dieser erste Moment – »Iss dich gesund!« – wurde ein neues Element meiner täglichen Arbeit, und ich ahnte damals noch nicht, was alles damit möglich ist. Im Lauf der Jahre spezialisierte ich mich immer weiter, versuchte, valide Studien aufzuspüren und modern umzusetzen. Die Erfolge meiner Patienten überzeugten mich: Ernährung kann heilen. Letztlich haben mir die Heilungserfolge gezeigt, dass die Kombination aus klassischer Medizin, Vorsorgemedizin, Naturheilkunde und innovativer Ernährungsmedizin, die sich dem neuesten Stand der Forschung verpflichtet fühlt und nicht veralteten Dogmen hinterhertrauert, richtig ist.

Ernährung darf man nie überschätzen: Gegen schweres Rheuma, einen gebrochenen Arm, Pneumonie, einen Hundebiss, Blinddarmentzündung oder defekte Herzklappen zum Beispiel ist sie ein stumpfes Schwert – aber man darf sie auch niemals unterschätzen. Schon der zu Lebzeiten verehrte Arzt und Begründer der Medizin als Wissenschaft, Hippokrates von Kos (etwa 460–370 vor Christus), sagte zu Recht, »unsere Nahrungsmittel sollten Heilmittel, unsere Heilmittel sollten Nahrungsmittel sein«.

Hier einige komplexe Beispiele aus meiner Praxis. Sie sollen Ihnen Mut machen: Mit einfachem, gutem Essen geht sogar bei schweren Fällen eine Menge für die Gesundheit.

ADIPOSITAS UND AUTOIMMUNKRANKHEIT

Thea beklagte die Folgen einer Autoimmunkrankheit, in ihrem Fall eine chronische Entzündung der Schilddrüse (Hashimoto-Thyreoiditis), die durch Mangel an Schilddrüsenhormonen den gesamten Stoffwechsel beeinträchtigt. Starker Haarausfall, Müdigkeit und das über die Jahre steigende Gewicht ließen sie verzweifeln. Ihr Job als Verkäuferin strengte sie an, sie fühlte sich ausgelaugt. Ihre eigenen Diätversuche waren zu radikal und züchteten den fatalen Jo-Jo-Effekt. Die körperliche Untersuchung zeigte, dass ihre Haut am gesamten Körper sehr rau und schuppig war. Sie fühlte sich nicht mehr wohl in ihrer Haut und in ihrem Leben. Auch ihre Stimmung hatte sich verändert, sie war viel reizbarer als früher. Nach meiner Empfehlung führte Thea erstmals über mehrere Wochen regelmäßig ein Ernährungsprotokoll. Dabei fiel auf, dass sie sehr unregelmäßig isst, reichlich Käsebrote verzehrt, also die Kombination Kohlenhydrate/Zucker aus Brot und Fett aus Käse, außerdem zuckerhaltige Joghurts, viel Obst und Süßigkeiten und als Getränke Apfelschorlen und Fruchtsmoothies bevorzugt. Eine unverbesserliche Kombination, um Gewicht zu steigern. Als erste Strategie balancierten wir ihr Immunsystem durch hochwertige Fette aus. Studien belegen, dass wertvolle Fettsäuren überaktiven Autoimmunzellen entgegenwirken, sie in ihrer Aktivität dämpfen. Der neue Speiseplan setzte auf Fisch, Nüsse, Mandeln, Samen, hochwertiges Lein-, Hanf- und Olivenöl, reichlich antioxidativ wirkendes Gemüse und zuckerarmes Obst in Maßen. Selenreiche Paranüsse verzehrte sie zwei- bis dreimal täglich, da Selen nach Studienlage das Immunsystem stabilisiert. Als weiteren Balsam für die Immunzellen reduzierte sie zuckerhaltige Lebensmittel, mied industriell gehärtete Fette, aß weniger Kohlenhydrate, wenn, dann als bewusste Beilage, setzte bei Getreide mehr auf Buchweizen (botanisch ein Knöterich, kein Weizen) und verzehrte wenig Milchprodukte. Nach einigen Wochen besserte sich ihr Zustand, sie fühlte sich ausgeglichener, die Haut war weniger trocken, das Energielevel deutlich gebessert. Thea hatte endlich Lust, sich zu bewegen, und fuhr wieder Fahrrad. Das Gewicht verbesserte sich in den ersten zwei Monaten langsam. Eine Analyse ihres Protokolls zeigte mir: Während ihrer Arbeit als Verkäuferin vergaß sie das Trinken, auch das schmälerte die erfolgreiche Gewichtsabnahme. Nach Studienlage empfahl ich ihr, nicht nur Wasser, sondern besonders grünen Tee wegen der enthaltenen Substanz Epigallocatechingallat (EGCG) zu trinken. Dieser Rat erwies sich als zielführend und hilfreich für die Gewichtsabnahme und für das Steigern von regulatorischen T-Zellen, die für das Verhindern von Autoimmunprozessen von entscheidender Bedeutung sind. Die Umstellung der Ernährung schlug an. Im Laufe der vergangenen Jahre konnten auch die Hormonpräparate, die für ihre Schilddrüsenunterfunktion lebensnotwendig sind, reduziert werden.

REFLUX

Robert war Anfang 50, als er Hilfe bei mir suchte. Sein Blick war nervös und seine Ausstrahlung hektisch, getrieben. Vor einigen Jahren fiel dem bisher sonst gesunden Mann gelegentliches Sodbrennen und Aufstoßen nach dem Essen auf, vor allem nach süßen, scharfen und fettigen Speisen. Als ich ihn kennenlernte, hatte sich aus dem gelegentlichen sauren, brennenden Quälgeist in der Speiseröhre eine Palette an Beschwerden entwickelt: morgendliche Heiserkeit, unangenehmer Mundgeruch, Müdigkeit und geringe Belastungstoleranz im Alltag. Der gesunde Schlaf, den er als Selbstständiger dringend für die tägliche Arbeit als Leiter eines kleinen Wäschereiunternehmens und für seine Familie brauchte, war durch das nächtliche Brennen in der Speiseröhre beeinträchtigt. Der Befund der Magenspiegelung bestätigte den Verdacht: Die Speiseröhrenschleimhaut war bedrohlich angegriffen: Reflux. Um seine massive Nervosität im Umgang mit den Symptomen in den Griff zu kriegen, rauchte er gelegentlich, was die Symptome verschlimmerte. Säurepumpenhemmer nahm er unregelmäßig und ohne wesentliche Besserung. Mein Ziel ist es immer, das Übel bei der Wurzel zu packen und nicht nur Symptome zuzukleistern. Es galt, den Rückfluss von Magensäure in die Speiseröhre zu verhindern, indem man den »Türsteher« am Mageneingang, einen speziellen Muskel, am Erschlaffen hinderte. Die empfohlene Ernährungsstrategie für Robert lautete: Saures, Süßes, Scharfes, sehr Fettes meiden, Nikotin streichen. Der regelmäßige Verzehr von eiweißhaltigen Nahrungsmitteln (Käse, Ei, Fisch, Fleisch, Hülsenfrüchte, Gemüse, Nüsse, Mandeln, Samen) stimuliert die Magenschleimhaut zur Ausschüttung von Gastrin. Diese Substanz signalisiert dem »Türsteher« am Mageneingang: »Dicht machen!« Auf diese Weise wird ein Säureübertritt in die Speiseröhre verhindert. Robert hielt sich an das simple Tagesschema: fünf kleine Mahlzeiten, zu jeder Mahlzeit mindestens eine Handvoll Eiweiß. Er mied zudem scharfe Gewürze, zusatzstoffreiche Lebensmittel und säurereiches Obst. Der notwendige Verzicht auf Kaffee, Süßigkeiten und Nikotin fiel ihm anfangs sehr schwer. Bereits nach etwa drei Wochen bemerkte er eine deutliche Besserung der Symptome. Das motivierte ihn zum Weitermachen. Nach mehreren Monaten ließ sich die Besserung auch in der Magenspiegelung objektivieren. Die Medikation brauchte er nicht mehr. Und das Beste: Die bessere Schlafqualität gab ihm Lebensqualität – er hatte wieder Spaß an seinem Leben und abends mehr Energie für seine Familie. Nach etwa vier weiteren Monaten konnte Robert auch wieder maßvoll Kaffee, Schokolade und Zitrusfrüchte vertragen. Kleine Veränderungen, große Wirkung.

RHEUMA

Marie war eine junge Frau Ende 20, Schauspielerin und Kinderbuchillustratorin mit hochaggressiv entzündlich-rheumatischer Erkrankung, der sogenannten rheumatoiden Arthritis. Eine sensible, zarte Erscheinung, ihr Gesichtsausdruck hatte etwas Verletzliches, fast Kindliches. Ihre Hände, genauer ihre Hand- und Fingergelenke, zeigten schwere, rötlich gefärbte und druckschmerzhafte Schwellungen. Es fiel ihr schwer, Dinge wie eine Zahnbürste zu greifen, selbst das Schuhezubinden war nicht mehr möglich. Wegen ihrer Schmerzen mied sie soziale Kontakte. Die Befunde sprachen für sich: Die Laborwerte zeigten deutlich erhöhte Entzündungswerte (C-reaktives Protein), der DAS-28 (Disease Activity Score) als Maß für die Stärke der Erkrankung belegte eine hohe Krankheitsaktivität. Das Röntgenbild zeigte glücklicherweise noch keine Gelenkzerstörung. Außerdem fand ich heraus, dass Marie sehr ehrgeizig und perfektionistisch veranlagt ist. Die Ansprüche im Elternhaus vor allem vonseiten des Vaters empfand sie als sehr hoch, und sie baute im Alltag leicht innerlichen Druck auf. Im Alter von 13 Jahren verspürte sie erstmals nächtliche Gelenkschmerzen beidseits in den Fingermittelgelenken und Füßen, im Lauf der Jahre entwickelte sich eine starke Morgensteifigkeit, die über eine Stunde anhält. Im Kindesalter wurden ihre Beschwerden bagatellisiert: »Wachstumsschmerz, es wird schon nicht so schlimm sein.« Marie erzählte mir, dass sie als Kind trotz der Schmerzen etwas Positives fühlte – die Zuwendung ihrer Großmutter. Nach deren Tod nahm Maries Gelenkschmerz dramatisch zu.

Es dauerte Monate, bis eine solide Diagnose durch einen Facharzt für Rheumatologie gestellt und sie bei starken Gelenkschmerzen und -schwellungen einer modernen Medikation zugeführt werden konnte. Die Medikamente, gestand sie mir im Erstgespräch, nahm sie nur unregelmäßig und widerwillig aus Angst vor Nebenwirkungen. Ich machte ihr klar, dass man schweres Rheuma, das in der Übersetzung »fließender Schmerz« heißt, in der Regel nicht allein durch eine innovative Ernährung heilen könne und alle Optionen gezielt verfolgt werden müssten Ich empfahl Marie reichlich Gemüse, gedünstet und als Rohkost, und als antientzündliche Strategie täglich Mischungen aus Lein- und Weizenkeimöl in Kombination mit Eiweiß aus Quark oder Haferflocken oder Samen zur optimalen Aufnahme der Fettsäuren. Da Leinöl im Körper Antioxidantien verbraucht, ist der Ausgleich durch antioxidativ wirkende Alpha-Tocopherole, also Vitamin E aus Weizenkeimöl, effektiv. Marie achtete streng auf die Qualität der Öle: bio, kalt gepresst und omegageschützt. Fetter Fisch mit antientzündlichen Omega-3-Fettsäuren und als Eiweißquelle dreimal die Woche, Nüsse, Mandeln, Samen, Hülsenfrüchte und Vollkorngetreide, nur maßvoll Milchprodukte – all das machte das neue Nahrungsportfolio aus. Fleisch stand sehr selten auf dem Plan, verarbeitetes Fleisch, Wurst und Schweinefleisch waren gestrichen. Grüne Smoothies trank sie gelegentlich, jedoch bewusst nicht am Abend, um ihren Darm als stärkstes Immunorgan zu schonen. Nach bereits drei Wochen war die Morgensteifigkeit deutlich gemindert, die Laborergebnisse zeigten normale Entzündungswerte, und der Aktivitätsscore DAS-28 war verbessert. Marie hat eine neue Lebensqualität. Sie kann ihre Gelenke besser bewegen, einfache Dinge des Lebens selbst machen, zum Beispiel die Knöpfe ihres Mantels schließen, und wieder aktiv am gesellschaftlichen Leben teilnehmen.

CHRONIC FATIGUE (CHRONISCHE MÜDIGKEIT)

Thomas, CEO einer Internetfirma in Berlin, war 37 Jahre, als er mich aufsuchte. Er ist ein sensibler, kreativer, weltoffener Geist, beherrscht sein Metier großartig und entwickelt visionäre Ideen. In der Sprechstunde saß er mitleiderweckend vor mir, beklagte diffuse Symptome, Herzklopfen, Schwitzen, Verdauungsbeschwerden, quälend unruhigen, nicht erholsamen Schlaf und ein zunehmend schlechtes Immunsystem. Es stellte sich heraus, dass er schon länger in einem sehr aggressiven Arbeitsklima arbeitete. Er litt unter übertrieben kritischen Bemerkungen und der zynischen Ordnung der gesamten Hierarchie, in der sich viele im Team nicht wertschätzten. Seinen Alltag verbrachte der leicht übergewichtige Thomas bis zu zwölf Stunden am Schreibtisch im Büro oder auf dem Sofa, körperlich inaktiv. Ausgleich durch Familie, Freunde, Hobbys und Bewegung fehlten ihm. Essen? Das fand nur nebenbei statt. Er aß nur, um nicht zu verhungern – meistens Süßigkeiten und Snacks. Thomas empfand seinen Alltag als chaotisch und stressig.

Das bedeutete einen enormen Verlust an Energie, seelisch und körperlich. Sein gesamter Organismus lief hochtourig, ohne guten Kraftstoff aus Lebensmitteln zu tanken. Eine sorgfältige Analyse seines Stoffwechsels und seiner Körperzusammensetzung bestätigte meine Annahme, dass er unter anderem sehr wenig Muskelmasse hatte. Thomas verlor seine Muskulatur und seine Gesundheit nicht nur durch inneren Stress und Bewegungsmangel, sondern auch durch mangelhafte, hochkalorische Ernährung und eine stressbedingte chronische Hyperaktivität des Immunsystems. Ich machte Thomas klar, welcher Film bei ihm vermutlich ablief: Die multifaktoriellen Einflüsse verursachen zum Beispiel einen erhöhten Eiweißverbrauch, sein energieloser Körper »frisst sich selbst« auf, als Erstes die Muskulatur, die 60% des gesamten Körpereiweißes speichert. So verbraucht der Körper auch Aminosäuren – Bausteine aller Eiweiße –, die für optimale Stoffwechselabläufe und zur Hormonbildung essenziell notwendig sind. Zum Beispiel wird L-Tryptophan verbraucht, der Baustein für Serotonin, das Glückshormon, was über ein Serotoninmangelsyndrom bis zur Depression führen kann. Der Mangel an Serotonin senkt den Hormonspiegel für Melatonin, das Schlafhormon, eine Erklärung für schlechten Schlaf. Ein Teufelskreis. In den folgenden Monaten arbeitete ich intensiv mit Thomas. Was galt es abzuwenden? Für ihn stand eine Menge auf dem Spiel – und es konnte viel gewonnen werden. Denn eine Vielzahl von Lebensmitteln hat auch entscheidenden Einfluss auf die Stressreaktion des Körpers und auf stressinduzierte, niedriggradige Entzündungen (Silent Inflammation), die Krankheitsmotoren für Arteriosklerose, Diabetes mellitus Typ 2 und Insulinresistenz, metabolisches Syndrom, Autoimmunkrankheiten und Gicht sind.

Angesichts dieser Drohkulisse riet ich dem Patienten dringend, die Strukturen seines Lebens zu überdenken und die Ernährung umzustellen: drei Mahlzeiten am Tag, Pausen während der Arbeit und stressreduzierende Maßnahmen wie Atemübungen. Der optimale Start in den Tag: Ein Frühstück, das reich an Omega-3-Fettsäuren und Eiweiß ist, bot ihm gutes Futter für Nervenzellen sowie Muskulatur und schenkte ihm lang anhaltende Sättigung. Der Eiweißanteil wurde auf etwa 25 g pro Mahlzeit erhöht. Thomas verließ zum Mittagessen sein Büro, wählte Eiweiß aus Eiern, Fisch, Fleisch oder Hülsenfrüchten und machte im Anschluss auf einer Parkbank 5 Minuten Atemübungen, bei Regen ging er 5 Minuten um den Block. Ich empfahl ihm einfache Gerichte mit Eiweißzulage, die er unproblematisch auch für mehrere Tage zubereiten konnte. Unter den für ihn besonders empfehlenswerten Lebensmitteln wählten wir Dinge aus, die ihm schmecken und nutzen. Ich legte ihm besonders Kurkuma ans Herz, das gemeinsam mit Omega-3-Fettsäuren aus hochwertigem Fisch und Öl sowie schwarzem Pfeffer Entzündungen im Körper entgegenwirkt. Außerdem Salbei, das den Neurotransmitter GABA (γ-Aminobuttersäure, aus dem Englischen: gamma-Aminobutyric Acid) im Gehirn stressregulativ beeinflusst, als Tee und Gewürz zu Mahlzeiten sowie die von ihm geschätzten Obstsorten: Mango wegen antientzündlicher und antioxidativer Eigenschaften sowie Papaya als effektive Verdauungshilfe. Weiterhin tryptophanreiche Lebensmittel wie Walnüsse, Haselnüsse, Kürbiskerne, Cashewkerne, Buchweizenmehl, Eier und Fisch, um ausreichend Bausubstanz für das Glückshormon Serotonin und das Schlafhormon Melatonin parat zu haben. Walnüsse, Avocados und hart gekochte Eier hatte er nun in seiner Büroschublade gebunkert. Die Kollegen im Büro sprachen ihn neugierig auf seine neuen Gewohnheiten und die sichtbar verbesserte Vitalität an. Man kam in gute Gespräche, und das Thema »hart gekochte Eier« aus dem Schreibtisch versprühte sogar eine Prise Humor, die bisher nicht zu spüren war. Im Lauf weniger Wochen hatte sich seine Beschwerdesymptomatik entschieden gebessert. Für Thomas gibt es zwar noch reichlich Aufgaben wie mehr Bewegung, Entspannung und Zeitmanagement, durch die erfolgreiche Ernährungsumstellung hat er jedoch neue Energie und die Zuversicht, Dinge positiv zu gestalten.

HIER EINIGE BEISPIELE VON ERKRANKUNGEN, DIE DURCH ERNÄHRUNG POSITIV BEEINFLUSST WERDEN KÖNNEN:

- metabolisches Syndrom
- Übergewicht
- Herz-Kreislauf-Krankheiten
- Bluthochdruck
- nichtalkoholische Fettleber
- Insulinresistenz, Diabetes mellitus
- Autoimmunkrankheiten
- entzündliche Erkrankungen
- Rheumatismus, Gicht
- Magen-Darm-Krankheiten
- Nahrungsmittelintoleranzen
- Migräne, Polyneuropathie, multiple Sklerose
- Depression
- ADHS und Hyperaktivität (bei Kindern)
- Chronic Fatigue, Schlafstörungen
- Immunschwäche
- Hautkrankheiten

SPINAT-SMOOTHIE

Pro Person **kcal** 108 **E** 3 g **F** 3 g **KH** 16 g

Zubereitung 7 Minuten | Foto Seite 24

FÜR 2 PERSONEN

1 Handvoll Eiswürfel, 1 Handvoll Babyspinat (gewaschen, abgetropft), ½ Birne (entkernt, in Stücke geschnitten), ½ Orange (geschält, in Stücke geschnitten), ½ Banane (in Stücke geschnitten), 5 g Ingwerwurzel (geschält), ½ EL Leinöl, 150–200 g Kokoswasser oder Mineralwasser

- Alle **Zutaten** am besten gut gekühlt in den Standmixer oder Hochleistungsblender geben und mit der Funktion »Zerkleinern von Eis« oder mit dem Programm »Geeiste Getränke/Smoothies« auf der höchsten Stufe gut durchmixen.

APFEL-GURKE-SMOOTHIE

Pro Person **kcal** 82 **E** 1 g **F** 1 g **KH** 14 g

Zubereitung 7 Minuten | Foto Seite 24

FÜR 2 PERSONEN

1 Handvoll Eiswürfel, ¼ Salatgurke (in Stücke geschnitten), ½ grüne Paprikaschote (entkernt, in Stücke geschnitten), 1 Apfel (entkernt, in Stücke geschnitten), 1 Handvoll Feldsalat (gewaschen, abgetropft), 3–4 Stängel Petersilie, Saft von ½ Zitrone, 150–200 g Kokoswasser oder Mineralwasser

- Zubereitung siehe Spinat-Smoothie.

DOC FLECKS FRÜHSTÜCK

kcal ca. 400 **E** ca. 10 g **F** ca. 25 g **KH** ca. 25 g

Zubereitung 10 Minuten | Foto Seite 24

FÜR 1 PERSON

3 große EL Magerquark, 3 EL Biokuhmilch (alternativ Reis-, Hafer- oder Mandeldrink), 20 g Ölmischung aus omegageschützt hergestelltem Biolein- und -weizenkeimöl (optional mit DHA und Vitamin-D_3-Zusatz), 1 TL Honig nach Geschmack, 1 Spritzer Zitronensaft, Früchte nach Belieben (gewaschen, geputzt, z. B. 1 Banane, Mango, Beeren, Äpfel, Kiwi, Papaya; ggf. auch Trockenobst), für die Deko gehackte Walnusskerne, Mandeln, Cashewkerne oder Omega-Lein-Crunch (Leinsamen nur mit Bioapfelsaft gesüßt

- **Quark, Milch, Öl, Honig** nach Geschmack und **Zitronensaft** im Standmixer oder mit dem Stabmixer mixen und in eine Schale geben. Die **Früchte** gegebenenfalls klein schneiden und auf die Quarkmischung geben. Mit **Nüssen** oder **Crunch** toppen.

SPINAT-SMOOTHIE

APFEL-GURKE-SMOOTHIE

DOC FLECKS FRÜHSTÜCK

TIPP Mit 1 Msp. gesunder Gewürze wie Kardamom, Kurkuma, Koriander, Ceylon-Zimt oder Bourbonvanille verfeinern. Für eine vegane und laktosefreie Variante können Magerquark und Kuhmilch durch Chiasamen, Mandel-, Reis-, Kokos- oder Haferdrink ersetzt werden.

ENERGIEKUGELN

ENERGIEKUGELN

Pro Kugel **kcal** 57 **E** 1 g **F** 3 g **KH** 6 g

Zubereitung 8 Minuten | Kühlzeit 40–45 Minuten

ERGIBT 22–24 KLEINE KUGELN
50 g Kokosöl, 50 g Kokosblütenzucker, 60 g Ahornsirup, 60 g Softaprikosen (klein gewürfelt), 60 g entsteinte Jumbo-Datteln (klein gewürfelt), 20 g Walnusskerne (fein gehackt), 1 Prise Fleur de Sel, 1 Msp. gemahlener Zimt, ½ TL Vanilleextrakt (oder Mark von ½ Vanillestange), 60 g Kakaopulver, 20 g gepuffter Amaranth

- **Kokosöl, Kokosblütenzucker** und **Ahornsirup** in einem kleinen Topf bei geringer Temperatur 2–3 Minuten unter Rühren leicht erwärmen.
- **Aprikosen, Datteln, Walnüsse, Fleur de Sel, Zimt, Vanille** und **Kakao** in die Schüssel der Küchenmaschine geben, die Kokosölmischung zugeben und mit dem Flachrührer auf langsamer Stufe 1 Minute gut vermengen. Die Masse auf Backpapier geben und 10–15 Minuten kalt stellen.
- **Amaranth** in eine Schale geben. Von der Aprikosen-Dattel-Masse 22–24 gleich große Portionen abstechen, zu Kugeln formen, im Amaranth wälzen und 30 Minuten kalt stellen. In einer gut verschließbaren Dose halten sie sich gut 3 Wochen im Kühlschrank.

GESUND KOCHEN FÄNGT BEIM EINKAUF AN

Welche Zutaten gehören in den gesunden Einkaufskorb? Es sind einfache Zutaten, mit Sorgfalt, Gespür für Vielfalt und solidem Wissen ausgesucht. Fühlen Sie sich von mir am Unterarm gepackt und lassen Sie uns gemeinsam eine kleine, überschaubare Warenrunde laufen. Was ist die einfache und gesündeste Wahl?

GEMÜSE

Gemüse. Gemüse. Gemüse! Setzen Sie grundsätzlich auf Vielfalt und viel Gemüse. Damit liegen Sie immer richtig. Falls der Spinat in der Frischeabteilung schwächelt, wäre alternativ Tiefkühlkost ohne Gewürze und Saucen, pur abgepackt, nicht weniger gesund. Auch muss nicht jedes Gemüse von der Herkunft bio sein, unabdingbar ist sowieso immer sorgfältiges Abwaschen vor dem Verzehr. Grenzwerte für Pestizidhöchstwerte werden innerhalb der EU kaum überschritten. Wer auf Nummer sicher gehen will, wählt Biogemüse aus. Viele Aspekte – nicht nur die Gesundheit – sprechen dafür, saisonal-regionales Gemüse zu kaufen. Wahre Antioxidantienbomben sind dunkle Blattgemüse wie Brokkoli, Kohl, Spinat oder grüne Salate. Regel: je dunkler die Farbe, umso gesünder das Gemüse. Faserreiche Gemüsesorten für die Darmgesundheit sind Blattsalate, Kohl, Lauch, Karotten, Kartoffeln, Spinat und Spargel.

TIPP: Blattsalate und Kohl sollten nicht gemeinsam mit Obst gelagert werden, sonst verderben Salat und Kohl durch die Ausdünstungen der Früchte schneller.

KRÄUTER

Einfache Kräuter wie Petersilie oder Basilikum sind absolute Multitalente in Sachen Gesundheit. Experimentieren Sie! Beliebte Kräuter findet man ganzjährig in Töpfen.

Tipp: Beim Einkauf auf frischen Duft, feste Stängel und kräftige Farbe achten, da in der Regel kein Haltbarkeitsdatum vermerkt ist. Tiefkühlkräuter sind eine Alternative für Menschen mit wenig Zeit zum Einkaufen und fehlendem grünem Daumen.

OBST

Viele Supermärkte weisen Produkte mit einem Siegel »regional« aus. Solche sympathischen Lotsen erleichtern die Suche. Saisonal ist das zweite Zauberwort, also Erdbeeren im Frühling, Himbeeren, Heidelbeeren, Melonen im Sommer, Äpfel und Birnen in Herbst und Winter. Diese Orientierung garantiert auch einen besseren Gehalt an wertvollen Inhaltsstoffen. Der Saisonkalender ist ein ehrlicher und zuverlässiger Kumpel für den Einkauf.

Tipp: Birnen erntet man wegen möglicher Druckstellen unreif. Lagern die unreifen Früchte etwa zwei Tage zu Hause, entfalten sie ihr volles Aroma. Eine reife Ananas erspürt man zielsicher am intensiven Duft des Stielansatzes. Bevor Sie als »Spürhund« schnuppern, den Stielansatz nach Schimmelspuren prüfen. Sind die Spitzen der Schuppen auf der Ananasschale braun, ist sie trotz grüner Farbe reif. Bananen kann man grün einkaufen und unproblematisch nachreifen lassen. Empfehlenswert sind Biobananen und ein schneller Verzehr, denn im vollreifen Zustand büßen sie Vitamine ein.

VOLLKORN UND GETREIDE

Die große Liebe zum Brot ist fester Bestandteil unserer Esskultur. Brot ist ein wertvolles Lebensmittel, wenn einfache Zutaten zum Zug kommen: frisch gemahlenes Vollkorngetreide, Wasser, Salz, Hefe und natürlicher Sauerteig. Gute Inhaltsstoffe zählen – wie Biogetreide, zum Beispiel Dinkel, Roggen, Gerste, Buchweizen, Amaranth, Quinoa und gelegentlich Weizen, sofern er vertragen wird. 100-prozentiges Vollkornbrot ist besonders empfehlenswert. Aus den Randschichten des Korns liefert es B-Vitamine, Kalium, Magnesium, Eisen und Kalzium. Woran erkennt man gutes Brot? An wertvollen Inhaltsstoffen – ohne jeglichen Zusatz an Verdickungsmitteln und Emulgatoren. Die Brotfarbe ist kein sicherer Hinweis auf gute Inhaltsstoffe, denn dunkles Brot ist nicht der Garant für Ballaststoffreichtum. Abwechslung und Neugier, ein kritischer Blick auf die Zutatenliste – vor allem bei abgepackten Brotsorten – und der Einkauf beim Biobäcker des Vertrauens oder selbst backen sind sinnvoll.

Für Müsli und Cerealien gilt der gleiche Maßstab: Vollwertig sollten sie sein und ohne Zusätze von Zucker. Empfohlen sind einfache fertige oder selbst gemachte Mischungen aus beispielsweise Hafer-, Dinkel-, Buchweizen- und Reisflocken, Nüssen, Mandeln, Kernen als Basis. Der Anteil an Trockenobst sollte geprüft werden, die Menge schwankt nach Produkt sehr stark. Verarbeitete Cerealien wie Cornflakes oder gesüßtes Getreide sind mit fast einem Drittel Zuckeranteil absolute Zuckerbomben und immer als Süßigkeit einzustufen.

KARTOFFELN

Weltweit gibt es mehr als 7500 Kartoffelsorten, die Wahl fällt schwer. Nur Mut! Die Kartoffel gehört in den Einkaufskorb, aber nur in moderater Dosis (zwei bis drei mittelgroße pro Portion) auf den Teller. Beim Einkauf kann man sich an der Erntezeit und an den Kocheigenschaften »mehlig oder festkochend« orientieren. Kartoffeln sollten trocken und unbeschädigt sein, damit weder Schimmel noch Keime andocken können. Der Hinweis »nach der Ernte behandelt« deutet darauf hin, dass die Kartoffeln zum Schutz vor Keimen und zur besseren Haltbarkeit behandelt wurden. In diesem Fall empfiehlt sich, die Kartoffeln vor dem Verzehr zu schälen. Auch wenn grüne Stellen als Zeichen des Glykoalkaloids Solanin (kartoffeleigenes Toxin zur Abwehr von Schädlingen) die Schale zieren, sollten Kartoffeln geschält werden. Das Solanin aus grünen und unreifen Kartoffeln kann – in großen Mengen aufgenommen – zu unspezifischen Symptomen wie Unwohlsein und Blähungen führen. Deshalb gilt beim Einkauf: Kartoffeln ja, aber nur trocken und ohne grüne Stellen. Meine persönlichen Kartoffelfavoriten sind Linda, Belana und Bamberger Hörnchen wegen des aromatischen Geschmacks und der schönen Konsistenz.

NUDELN

Kein Leben ohne Nudeln (Pasta)! In Italien scheint ein Leben ohne Pasta möglich, aber sinnlos. Jeder Deutsche isst 8 Kilo, der Italiener satte 26 Kilo Nudeln pro Kopf im Jahr. In Italien hat mich fasziniert, wie leidenschaftlich man beim Einkaufen die Form der Nudel (Langware wie Spaghetti oder Kurzware wie Penne) in Anpassung zur passenden Sauce diskutieren kann. Dort bestimmt die Nudelform die spätere Komposition des Gerichts. Hartweizen- oder Eiernudeln, lange oder kurze, beherrschten jahrelang die Regale. Inzwischen lockern auch Nudeln aus Dinkel, Reis, Quinoa, sogar aus Linsen- oder Kichererbsenmehl die Märkte auf. Was vielen nicht bewusst ist: Vollkorn ist wegen des Ballaststoffanteils per se eine gute Wahl. Der rasche Anstieg des Blutzuckers ist jedoch auch bei Vollkorn aus Weizen relativ hoch. Nudeln aus Dinkel sind zum Beispiel günstiger in der Blutzuckerreaktion und punkten mit höherem Eiweißgehalt (16 %).

REIS

Weltweit unterscheidet man über 7000 verschiedene Sorten, hierzulande gängig sind Langkornreis und Rundkornreis (Milchreis), ungeschälte Natursorten oder Varianten des geschälten Weißreises. Der Großteil der Nährstoffe befindet sich im sogenannten Silberhäutchen, das beim Schälen entfernt wird. Deshalb empfiehlt sich vor allem ungeschälter Naturreis, der im Weltmarkt eine bedauerliche Zwergenrolle innehat. Der leicht gelbe, geschälte Parboiled Reis enthält dank schonender Dampfverarbeitung trotzdem noch etwa 80 % der ursprünglichen Nährstoffe.

FISCH

Fette Fische wie Lachs, Makrele, Heilbutt, Hering und ganz besonders Matjes liefern wertvolle Omega-3-Fettsäuren. Etwas Verunsicherung herrscht beim Thema »Schadstoffbelastung«. Die Stiftung Warentest beruhigt Verbraucher, dass im hierzulande angebotenen Fisch Schadstoffe – wenn überhaupt – nur in Spuren nachweisbar waren. Abwechslung ist die Devise. Und die Überfischung? Fischarten wie Zander, Pangasius und Regenbogenforelle werden nach dem World Wide Fund For Nature (WWF) uneingeschränkt zum Kauf empfohlen. Wegen Überfischung nicht mehr zum regelmäßigen Verzehr geeignet und nur als Ausnahme vertretbar sind roter Thunfisch, Rotbarsch, Seehecht und Aal. Der verantwortungsvolle Verbraucher bevorzugt Produkte aus nachhaltigem Fang und aus hochwertigen Aquakulturen. Im Internet gibt es gute Informationen zu Fischbeständen, zum Beispiel unter www.portal-fischerei.de. Im Einkaufsdschungel bieten Gütesiegel wertvolle Hilfe (siehe Kapitel »Etiketten«). Erkennungsmerkmale für einen frischen Fisch von der Theke sind glänzende Augen, leuchtend rote Kiemen und unauffälliger Geruch. Frische Filets haben eine glatte Schnittfläche und sind fest und elastisch.

FLEISCH

Wenn Fleisch, dann empfiehlt sich bevorzugt Bioware aus art- und tiergerechter Haltung. Hochwertiges Fleisch kann selbstverständlich nicht extrem billig sein. Hier kommt es auf ein verantwortungsvolles Umdenken an. Wer auf eine gewisse Qualität Wert legt, kann in Maßen Fleisch genießen, am besten nicht als verarbeitetes Fleisch. Rotes Fleisch (Rind, Kalb, Lamm, Schwein und Wild) oder weißes Fleisch (Huhn, Pute, Ente, Gans) in den Einkaufswagen? Vielfalt auf dem Teller ist auch hier der Schlüssel zur Gesundheit. Schweinefleisch ist wegen des hohen Gehalts an entzündungsfördernder Arachidonsäure zurückhaltend zu verzehren, genauso wie Wurstwaren. Ideal ist ein Einkauf beim heimischen Metzger, der noch selbst schlachtet und bei dem die Herkunft der Tiere bekannt ist, oder beim Händler des Vertrauens.

FETT UND ÖLE

Ein qualitativ gutes Öl zu kaufen ist nicht so einfach, wie uns die Fülle der Produkte glauben lässt. Für Qualität ist das korrekte Pressverfahren entscheidend, gutes Öl ist eine Vertrauenssache, denn die Raffination ist nicht deklarationspflichtig. In den gesunden Einkaufskorb gehören kalt gepresste, also nicht raffinierte, und inhaltsstoffreiche Öle aus hochqualitativen Samen biologischer Herkunft. Optimal sind Leinöl und Weizenkeimöl, die sich wie beste Freunde optimal ergänzen, aus geschützter Produktion, zum Beispiel Omega-safe-Herstellung.

TIPP: Diese beiden hochsensiblen Omega-3-reichen Öle dürfen niemals über 30 °C erhitzt werden – sowohl in der Herstellung als auch in der Küche. Leinöl sollte nie bitter schmecken. Kalt gepresste Öle wie ein geschmacklich gutes, natives Olivenöl extra vergine sind nicht zum hohen Erhitzen (etwa über 200 °C) geeignet, ebenso Rapsöl. Um gefährliche Oxidationen zu verhindern, empfehlen sich zum Anbraten besonders Biokokosfett, Ghee (geklärte Butter), Butterschmalz und Erdnussöl.

NÜSSE UND CO.

Natürlich belassene Nüsse (Walnuss, Haselnuss, Paranuss, Mandeln, Cashewkerne, Erdnuss etc.) gehören als Kraftpakete in jeden Einkaufskorb, es sei denn, man ist Allergiker. Nüsse senken das Risiko für Parkinson und Diabetes und sind wegen des hohen Vitamin-B-Gehalts ideales Futter für

Gehirn und Nervensystem. Gesund ist die Nuss allerdings nur, wenn sie nicht verdorben ist. Daher beim Einkauf auf das Haltbarkeitsdatum achten. Bemerkt man nach dem Öffnen viel Staub in der Packung, scheinen die Nüsse sehr alt zu sein. Bitter schmeckende Nüsse sind wie bitter schmeckende Öle vermutlich oxidiert, dadurch verdorben und nicht zum Verzehr geeignet.

Tipp: Man kann frisch gekaufte Nüsse auch einfrieren, dann halten sie deutlich länger.

EIER

Das Ei ist besser als sein Image. Geschmack und Qualität hängen nicht von der Farbe der Eier ab, sondern von Futter und Art der Tierhaltung. Die etwas teureren Bioeier bieten mehr Vitamine, Omega-3-Fettsäuren und Betacarotin als Eier aus Freiland- oder Bodenhaltung. Wer es nicht auf Wochenmärkte schafft, dem bietet der Erzeugercode auf der Schale wichtige Informationen zu Herkunftsland, Haltungsform und Erzeuger. Die erste Ziffer betitelt die Hühnerhaltung: 0 = bio, 1 = Freiland, 2 = Bodenhaltung, 3 = Käfighaltung (in der EU sind seit 2012 Legebatterien verboten). Also Augen auf beim Eierkauf!

MILCH UND MILCHPRODUKTE

Milchprodukte in Maßen ist die Devise. Sie gehören bestenfalls zu den eiweißhaltigen Lebensmitteln (Regel: <8 g Kohlenhydrate pro 100 g Lebensmittel), also pur als Quark, Naturjoghurt, Käse und Co. in den Einkaufskorb. Zuckerhaltige Produkte (Regel: >8 g Kohlenhydrate pro 100 g) wie Kakaogetränke, Milchreis und Fruchtjoghurts entpuppen sich als Zuckerberge und sind als Süßigkeit wie der Schokoriegel einzuordnen. Die einzige naturbelassene Rohmilch mit allen Inhaltsstoffen ist Vorzugsmilch. Pasteurisierte Frischmilchprodukte in vollfetter Variante bieten im Vergleich zu fettarmen Produkten fettlösliche Vitamine (E, D, K, A), der Kalziumgehalt ist bei allen Varianten gleich. Alternativen zur Kuhmilch sind Schafs- oder Ziegenmilch, die sehr gut verträglich sind. Für Menschen mit Laktoseintoleranz oder Milcheiweißallergie oder für solche, die aus anderen Gründen auf Milch verzichten, sind Mandel-, Reis-, Kokos-, Dinkel- und Haferdrinks empfehlenswert, unbedingt ohne Zusätze (zum Beispiel Carageen E 407).

GESUND EINKAUFEN – WAS ETIKETTEN VERRATEN

Die Etikettenwelt scheint wie ein großer undurchsichtiger Dschungel. Das Lesen der Etiketten zu Inhalt und Nährwertangaben hilft, gute Lebensmittel aufzuspüren. Was in einem Lebensmittel steckt, steht jedoch nicht zwingend auf der Verpackung. Deshalb: Augen auf! Lupe raus! Auch das nervige Kleingedruckte gilt es in kleinen Schritten besser zu verstehen und wie eine neue Sprache zu lernen. Dieses Kapitel soll Ihnen langfristig eine wertvolle Hilfe sein – nicht, um Sie zum Ernährungsterroristen auszubilden, der stundenlang im Supermarkt Etiketten studiert, sondern um Sie peu à peu für gesundheitsbewusste Entscheidungen wissend zu machen.

ETIKETT – AUFGEPASST!

Die Deklaration von Lebensmitteln unterliegt einheitlichen Vorschriften der EU-Verordnung 1169/2011. Seit Dezember 2016 ist es außerdem Pflicht, auf vorverpackten Lebensmitteln die Nährwertkennzeichnung anzubringen. Verständlich und gut lesbar müssen Mengen, Mindesthaltbarkeitsdatum, Herkunft, Anweisungen zur Lagerung und Verwendung, Gebrauchsanleitung und Allergene sichtbar werden – auch ohne Lupe. Auch die Deklaration »ohne Zusatzstoffe« schließt nicht aus, dass weitere Farbstoffe, Aromen und Geschmacksverstärker im Lebensmittel stecken. Das sogenannte Clean Label, das »saubere Etikett« des Marketings, verleiht Produkten ein natürliches Image. Auf in den Dschungel! Es ist Zeit, neue Vokabeln zu lernen.

»Ohne Geschmacksverstärker« Statt Glutamat findet sich häufig »Hefeextrakt« oder »Sojaprotein« und »Würze«. Laut Gesetz ist Hefeextrakt kein bedenklicher Zusatzstoff, der eine E-Nummer trägt. Hefeextrakt findet sich auch in Bioprodukten.

»Ohne künstliche Farbstoffe« Pulver oder Konzentrate aus Obst oder Gemüse gelten nicht als Farbstoffe und sind nicht kennzeichnungspflichtig.

»Ohne Konservierungsstoffe« Andere Zusatzstoffe wie Antioxidations- und Säuerungsmittel verlängern die Haltbarkeit. Lebensmittel mit Zusatz von zum Beispiel Zitronensäure (E 330), ein aus dem Schimmelpilz Aspergillus niger gewonnenes Konservierungs- und Säuerungsmittel, sollten nur moderat verzehrt werden.

»Ohne künstliches Aroma« In einer Zutatenliste, die keine Aromen explizit ausweist, stammt der Geschmack komplett aus den Lebensmitteln.

»Natürliches Aroma« Bei der Angabe »Aroma« von zum Beispiel »Vanille« oder »Heidelbeeren« kann ein anderer Stoff als Ausgangsstoff dienen, solange es nicht ausdrücklich als »natürliches Vanillearoma« oder »natürliches Heidelbeeraroma« deklariert wird.

E-Nummern Sogenannte Zusatzstoffe müssen auf der Verpackung angegeben werden. Aufgabe dieser Zusatzstoffe ist es, Produkte zu verdicken, anzusäuern, haltbarer zu machen, zu färben oder den Geschmack zu optimieren. Nicht jede E-Nummer steht für einen Wirkstoff. Viele kennzeichnen nur verschiedene Varianten eines Stoffes. Für manche sind bei regelmäßigem Verzehr gesundheitliche Risiken bekannt. E 200 oder E 202, E 203, E 210 und E 213 fördern zum Beispiel Allergien. Einzelheiten zu E-Nummern gibt es beispielsweise unter **www.das-ist-drin.de/glossar/e-nummern.**

Die Menge an seltenen Bezeichnungen auf Etiketten ist kein Indiz dafür, dass Lebensmittel ungesund sind. Auch ist nicht jeder Zusatzstoff vermeidbar oder immer Teufelszeug – auch ich bin dankbar für haltbare und nicht schimmelige, vergammelte Lebensmittel. Es gilt immer noch die jahrtausendealte Regel: Die tägliche Dosis macht das Gift. Auch was kryptisch oder gefährlich klingt, muss noch lange nicht böse oder ungesund sein. Alpha-Tocopherol zum Beispiel ist nichts anderes als Vitamin E, das antioxidativ wirkt, oder Riboflavin ein Vitamin B_2, das als Farbstoff dient. Keine Panik!

ETIKETTEN FÜR DELIKATE KOST

Der Einkauf von frischem Fisch und Fleisch ist ein besonderes Thema. Um gesündere Produkte aus nachhaltiger Quelle zu ergattern, geben Etiketten auch solide Orientierung. Der bewusst einkaufende Fischliebhaber orientiert sich an speziellen Gütesiegeln auf den Fischprodukten im Supermarkt. Zum Beispiel das blaue MSC-Siegel (Marine Stewardship Council, **www.msc.org/de)** für nachhaltig gefangenen Wildfisch. Um dieses Gütesiegel zu erhalten, darf ein Betrieb nicht mehr Fisch fangen, als nachwachsen kann. Die Siegel des Anbauverbands Naturland (www.naturland.de) zeigen Produkte aus biologischer Aquakultur und nachhaltig gefangenen Wildfisch auf, ähnlich auch das EU-Biosiegel. Bei der Jagd nach Fleisch sollten Sie auf den Zusatz »aus artgerechter bzw. tiergerechter Haltung« achten, so sind Haltung nach natürlichen Lebensumständen, Qualität des Fleisches und Herkunft nachvollziehbar. Wer beim Fleisch auf Nummer sicher gehen will, verlässt sich auf Etiketten, die für strenge Richtlinien stehen, zum Beispiel Demeter, Bioland und Naturland. Die EU-Biosiegel sind in puncto Fleischbewertung etwas weniger streng. Neuland ist zwar kein ausgewiesenes Biosiegel, steht aber für artgerechte Haltung.

NÄHRSTOFFETIKETTEN LESEN

Nährstoffetiketten sind eine gute Orientierung; sie sind besser zu verstehen, als viele denken. Etwas Wissen um die Nährstofftabellen ist durchaus nützlich, es gehört einfach dazu. Daher an dieser Stelle ein kleiner Exkurs. Für die klassische Kennzeichnung von Nährwerten auf verpackten Lebensmitteln ist seit 2017 die Tabellenform mit Angaben auf 100 g oder 100 ml bezogen sowie die Kennzeichnung der sieben wichtigen Nährstoffe obligat.

- Brennwert/Energiegehalt
- Fett
- gesättigte Fettsäuren
- Kohlenhydrate
- Zucker
- Eiweiß
- Salz

Zusätzlich dürfen deklariert werden:

- einfach ungesättigte Fettsäuren
- mehrfach ungesättigte Fettsäuren
- mehrwertige Alkohole – Zuckeraustauschstoffe wie Sorbit möglichst meiden!
- Stärke
- Ballaststoffe
- Vitamine und Mineralstoffe

Weitere Angaben zu Vitaminen und Mineralien dürfen nur dann erfolgen, wenn sie in signifikanten Mengen enthalten sind, mindestens 15 % der empfohlenen Tagesmenge in 100 g oder 100 ml.

Woran erkennt man gute Lebensmittel nur anhand der Nährstoffbeschreibung? Es gilt, äußerst aufmerksam den Anteil an Kohlenhydraten, Zucker und Salz zu prüfen. Transfette können – im Übermaß konsumiert – chronisch-degenerative Erkrankungen wie Herz-Kreislauf-Krankheiten, Diabetes mellitus und Krebsleiden fördern. Folgende Liste meiner persönlichen Top 10 an verpackten Lebensmitteln hilft im Alltag, gut zurechtzukommen.

DIE TOP-10-LISTE AN VERPACKTEN LEBENSMITTELN

1. Gemüse in allen Varianten (pur, ohne Zusätze)
2. Obst (vor allem zuckerarmes Obst wie Beeren, ohne Zuckerzusatz)
3. Vollkorngetreide (z. B. 100 % Haferflocken, Dinkelflocken), Vollkornpasta (z. B. 100 % Dinkel- oder Buchweizennudeln)
4. Gewürze (z. B. schwarzer Pfeffer, Kurkuma)
5. Tomatenprodukte (geschälte Tomaten, passierte Tomaten; ohne Zusätze)
6. Linsen (abgepackt), Bohnen und Kichererbsen (abgepackt oder aus dem Glas)
7. Nüsse, Mandeln, Samen, Kerne
8. Trockenobst (ohne Zusätze)
9. Fisch aus nachhaltigem Fang (nach Etikettierung)
10. Gutes Öl; kleine Auswahl: z. B. kalt gepresstes Bioleinöl, Weizenkeimöl, Walnussöl (obligat licht-, hitze-, sauerstoffgeschützt gepresst, z. B. omega-safe), Olivenöl extra vergine und Kokosfett, Erdnussöl zum Braten

WAS SCHMECKT WANN AM BESTEN? DER SAISONKALENDER

Freiland ■ Gewächshaus □

Pflanze	Jan	Feb	März	Apr	Mai	Juni	Juli	Aug	Sep	Okt	Nov	Dez
Äpfel						■	■	■	■	■	■	
Birnen								■	■	■		
Blaubeeren						■	■	■	■			
Brombeeren							■	■	■			
Erdbeeren						■	■					
Haselnüsse									■	■	■	
Himbeeren						■	■	■	■			
Johannisbeeren							■	■				
Melonen					□	□	□	□	□			
Süßkirschen						■	■	■				
Stachelbeeren						■	■	■				
Haselnüsse									■	■		
Walnüsse									■	■		
Artischocken							■	■	■			
Auberginen					□	□	□	□	□	□		
Blumenkohl					■	■	■	■	■	■	■	
Bohnen					□	□	■	■	■			
Brokkoli					■	■	■	■	■	■	■	
Chicorée	□	□	□	□						□	□	□
Erbsen						■	■	■	■			
Feldsalat	■	■	■	■					■	■	■	■
Grünkohl	■	■	■								■	■
Gurken				□	□	■	■	■	■	□		

OBST UND GEMÜSE

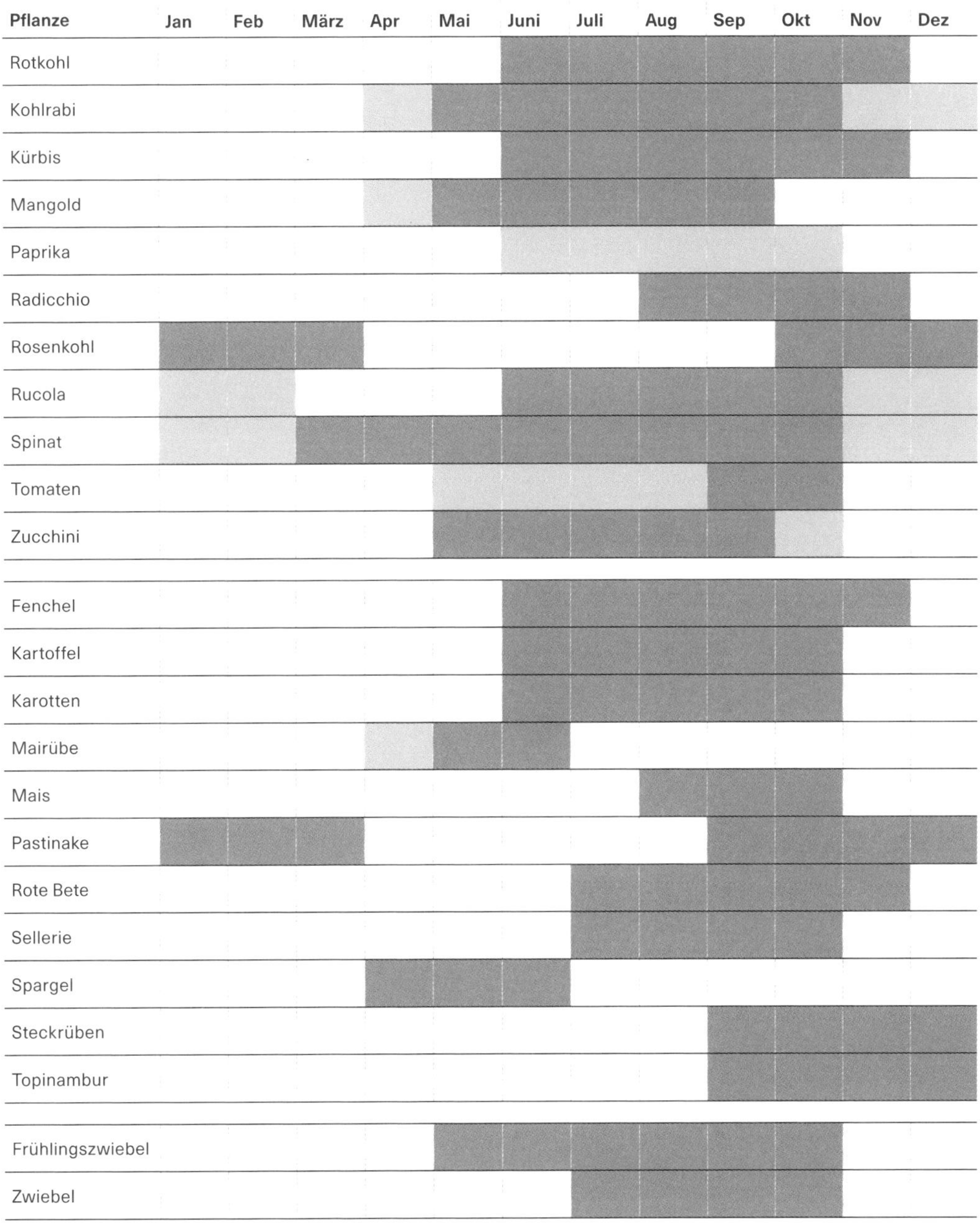

HEIMISCHE HELDEN – SUPERFOODS AUS DER REGION

Superfoods sind aktuell im wahrsten Sinne des Wortes in aller Munde. Exotische Namen wie Baobab, Camu-Camu, Lucuma, Açai und Co. klingen für manche wie die ersehnte Prophezeiung eines Lebens ohne Krankheit, für andere bleiben sie kryptisch. Gibt es Lebensmittel, die gesundheitlich wertvoller sind als andere? Nach intensiver Recherche bin ich zu der Erkenntnis gelangt, dass es solche Helden gibt. Manche haben echten Nutzen für die Gesundheit und sind wie der beste Freund im Leben nicht austauschbar. Denn echte Superfoods zeichnen sich durch besondere Nährstoffqualitäten aus. Solche Lebensmittelhelden müssen nicht zwingend exotisch sein. Helden sind auch regionale Lebensmittel, die ohne Glamourfaktor und Hype eine echte Bereicherung für unseren Teller sind. Bei diesem Thema verhält es sich scheinbar wie bei den Propheten – sie zählen nichts im eigenen Land.

Das heißt jetzt nicht, dass wir Exoten schmähen sollten, unser Körper freut sich über die Antioxidantien der Açai-Beere, die Fettsäuren aus Chiasamen, den Eiweißgehalt in Quinoa oder die Aminosäuren in Gojibeeren. Wenn wir jedoch genau hinsehen, wie viele Antioxidantien wir für unser Geld bekommen, dann hat zum Beispiel Rotkohl den Exoten Açai übertroffen. Vorhang auf für einige der unscheinbaren Helden, die hier als Pars pro Toto für eine große Mannschaft an Lebensmitteln genannt werden!

KOHLGEMÜSE

Kohlgemüse galt bereits im klassischen Altertum als Allheilmittel und präsentiert sich heute in etwa 400 Kohlsorten, die sich in Farbe und Form unterscheiden, aber in der Heilwirkung ähneln: blühende Kohlsorten (Brokkoli, Blumenkohl), Sprossenkohl, Kohlrabi, Grünkohl, China- und Schwarzkohl, glatter und Krauskohl (Wirsing, Weiß- und Rotkohl). Selbst gegart liefert Kohl sehr viel Vitamin C, Folsäure und Kalium. Ein besonderes Kleinod ist Kohl wegen des hohen Gehalts an wertvollem Sulforaphan. Diese Substanz kommt nur in wenigen Gemüsesorten vor und ist ein sekundärer Pflanzenstoff aus der Familie der Isothiocyanate (Senfglykoside), der die Abwehr von Krebs und Entzündungen stärkt.

GRÜNES BLATTGEMÜSE

Popeye hatte recht. Doch nicht nur Spinat, auch grüne Blätter aus Mangold, Rucola oder – mein Favorit – Feldsalat liefern viele Vitamine, Mineralien und wertvolle sekundäre Pflanzenstoffe und wirken tonisierend. Durch den Reichtum an Lutein und Zeaxanthin, Kalium, Kalzium, Magnesium, Eisen, Phosphor, Zink, Vitamin B_6 und Folsäure wirken sie positiv auf Herz-Kreislauf-System, Stoffwechsel, Blutbildung und Immunsystem. Bitterstoffe wie im Rucola fördern die Verdauung und den Leberstoffwechsel. Der feine Geschmack kommt optimal zur Geltung, wenn Blattgemüse sofort verbraucht werden.

DUNKLE BEERENFRÜCHTE

Als Vitalstoffträger erster Güte bieten Heidelbeeren, Brombeeren und schwarze Johannisbeeren Karotin, Eisen, Kalzium, Magnesium und Phosphor sowie reichlich Kalium, das entwässernd wirkt. Der hohe Gehalt an Anthocyanen, einer Untergruppe der Flavonoide, die zu den sekundären Pflanzenstoffen zählen, ist nicht nur für deren charismatische blauviolette Farbe verantwortlich, sondern bietet auch antioxidativen Zellschutz und eine Verbesserung der Infektabwehr. Mein Favorit, die Heidelbeere, wirkt bei Durchfall und ist auch ein Heilmittel bei Blaseninfektionen.

APFEL

Schon die Römer unterschieden 37 Sorten, heute zählen wir mehr als 7500 Varianten. Äpfel glänzen durch Mineralienreichtum. Kalium reguliert den Wasserhaushalt, Eisen ist für die Blutbildung unentbehrlich. Zudem liefern sie reichlich Zellulose und Pektin, insbesondere aus der Schale, wertvolle unverdauliche Ballaststoffe, die verdauungsfördernd, cholesterinsenkend und blutzuckerregulierend wirken und das Mikrobiom, unsere Darmbakterien, optimal füttern. Je nach Lagerungsdauer variiert der Gehalt an Vitamin C.

KNOBLAUCH

Das Multitalent Knoblauch, das bei den Ägyptern als göttliche Gabe galt und im alten Griechenland den Athleten als Stärkungsmittel diente, präsentiert sich in über 30 Sorten. Der weiße, der rosafarbene und der violette Knoblauch sind hierzulande am bekanntesten. Der exzellente Selenlieferant beeinflusst Blutzirkulation sowie Cholesterinspiegel und wirkt wie ein Staubsauger in den Gefäßen. Schwefelverbindungen wie Allicin, deren Wirkungsdauer etwa 24 Stunden hält, stärken das Immunsystem, hemmen Entzündungen und wirken antiseptisch. Je frischer der Knoblauch, desto höher der Gehalt an wertvollem Allicin. Empfehlung: Den grünen Keim in der Mitte entfernen, da dieser schwer verdaulich ist und den gefürchteten Mundgeruch auslöst.

ZWIEBEL

Die Zwiebel ist nicht nur als Gemüse, sondern als Gewürz und Heilmittel ein Held. Wertvolle ätherische Öle reich an Schwefelverbindungen sind für die Schärfe und gesundheitliche Wirkung verantwortlich. Die spanische Gemüsezwiebel, die weiße und die rote Zwiebel zählen zu den mildesten Sorten. Sie enthalten Vitamin C, Kalium, Folsäure und Vitamin B_6, wertvolle sekundäre Pflanzenstoffe wie Flavonoide und Polyphenole, wirken antientzündlich und antimikrobiell. Sie fördern die Ausscheidung, wirken anregend und schleimlösend und enthalten gegart nahezu den gleichen Vitaminreichtum wie roh. Der unangenehme Mundgeruch lässt sich durch Kauen von einigen Kaffeebohnen, Petersilie- oder Minzblättern vermeiden.

HÜLSENFRÜCHTE

Bohnen, Linsen und Erbsen verdienen einen Sonderstatus – nicht nur wegen ihrer Vielfalt in Sorten und Geschmack. Reich an Eiweiß, Zink und Eisen, wie man es eher von Fleisch erwarten würde, liefern sie auch gesunde Ballaststoffe, sehr viel Folsäure und Kalium, Phosphor, Vitamine B_1, B_2, B_6 und Pantothensäure. Studien belegen: Der regelmäßige Verzehr der sogenannten Leguminosen ist mit einer längeren Lebensdauer verbunden und fester Bestandteil der Ernährung in den sogenannten Blue Zones. Das sind geografische Zonen der Welt wie Sardinien und Okinawa, die uns mit einer überdurchschnittlichen Lebensdauer der Bewohner beeindrucken. Linsen werden bekömmlicher, wenn man sie in kochendem Wasser, das mit etwas Essig versehen ist, zubereitet.

WALNUSS UND HASELNUSS

Die Vitalstoffbomben stärken Gehirn, Nerven und Herz. Reich an mehrfach ungesättigten Fettsäuren wirkt die Omega-3-Fettsäure Linolen besonders entzündungshemmend. Neben wertvollem Eiweiß (etwa 15 %) enthalten Nüsse sehr viel Magnesium, Kupfer sowie Kalium und sind reich an den Vitaminen A, B_1, B_2 und E, Eisen, Folsäure, Zink, Phosphor und Ballaststoffen. Fein gemahlen oder gründlich gekaut sind sie für den Darmtrakt besser verdaulich. Wegen der hohen Verderblichkeit ist die Lagerung im Kühlschrank mit Schutz vor Licht, Hitze und Feuchtigkeit wichtig.

TOMATEN

Im 16. Jahrhundert fand die ursprünglich als Zierpflanze wahrgenommene Tomate als »pomodoro«, der »goldene Apfel«, Eingang in die italienische Küche. Tomaten sind ein gesunder Alleskönner, ob roh, gekocht, püriert, als Eiertomate, Cocktailtomate, gelbe oder grüne Tomate oder als Flaschentomate. Sie punkten durch Reichtum an Kalium, Vitamin C, Folsäure und Vitamin A. Der Inhaltsstoff Lycopin – vor allem in erhitzten Tomaten – wirkt antioxidativ und beugt Herz-Kreislauf-Erkrankungen vor. Grüne Tomaten enthalten Solanin, ein giftiges Alkaloid, das durch Kochen neutralisiert wird. Tomaten sollten fest und glatt sein; weiche Früchte sind meist wässrig, relativ geschmacklos und schneller verderblich. Für eine optimale Verdauung empfehle ich das Enthäuten.

KRÄUTER UND GEWÜRZE

Sie sind das gesunde Etwas in der Küche. Zwei Küchenkräuter empfehle ich besonders gern: Petersilie und Basilikum. Petersilie ist mit den Vitaminen A, B_1–B_6, C, Betacarotin, Folsäure, Kalzium, Magnesium, Phosphor, Eisen, Mangan und Kalium ein Füllhorn an Vitalstoffen. Basilikum, von den Griechen »basilikon« (»königlich«) betitelt, zählt über 60 Sorten und beeindruckt durch Nährstoffe, die dem Zellschutz und der Infektabwehr dienen: Vitamin A als Antioxidans, Vitamin C, Vitamin K, Eisen, Kalzium, Magnesium, Kalium, Mangan und Flavonoide. Basilikum sollte nie mitgekocht werden, damit sich Aroma und Vitalstoffe nicht verflüchtigen.

WAS NICHT ZUM GESUNDEN ESSEN GEHÖRT

Zeitmangel, ein knurrender Magen und Hetze im Alltag können ein Croissant oder ein herkömmliches Fertiggericht wie Pizza als »überlebensnotwendige Maßnahme« und Magenfüller entschuldigen. Sinnvoll ist, dieses Szenario nur ab und zu als Ausnahme zu betrachten – mit achtsamem Blick auf die Inhaltsstoffe. Der Gehalt an Zucker oder Salz und schädlichen Transfetten einer solchen Mahlzeit übertrifft oft bereits die empfohlene Tageshöchstdosis. Man definiert Lebensmittel, die außer der schnellen Sättigung keine vernünftige Funktion für die Gesundheit haben, als Non-functional Food. Dieser Konsumtrend hält an: Etwa 20 Kilogramm pro Kopf werden jährlich hierzulande vertilgt. Auch ein anderer Trend ist ungebrochen – der zu Übergewicht, Herz-Kreislauf-Erkrankungen, chronisch-degenerativen Erkrankungen, Depression und Krebs.

Um Produkte geschmacklich attraktiv, günstig in der Herstellung und optimal haltbar zu machen, werden sie mit Säuerungsmitteln, Konservierungsstoffen, Emulgatoren, Verdickungsmitteln, Geschmacksverstärkern, Aromen und Farbstoffen versetzt. Besonders problematisch sind dabei die schlechten Fette wie gehärtete Fette oder minderwertige Billigmargarine. Nicht jedes Fertiggericht ist ungesund, und die Hersteller stellen sich erfreulicherweise auf den Wunsch nach weniger Zusatzstoffen ein.

Tipp: Achten Sie genau auf Etiketten (siehe Kapitel »Etiketten«) und Verpackung! Wer die Wahl hat und nicht den Keine-Zeit-Revolver im Nacken spürt, ist mit einem Essen aus möglichst einfachen und möglichst frischen Lebensmitteln gut bedient. So formt sich peu à peu das Bewusstsein für gesundes Essen. Der wieder an natürliche Aromen gewöhnte Geschmacksnerv ist wenig anfällig für jedes beliebige Fast Food. Kekse und Croissants umgibt unmittelbar der Stallgeruch des nutzlosen Hungerstillens oder der kleinen Sünde, aber es gibt auch Lebensmittel oder Zusätze, die zwar ein gutes Image haben und trotzdem kleine Fallstricke in puncto Gesundheit bieten.

Hier nun meine schwarze Liste der Lebensmittel, die nicht täglich verzehrt werden sollten:

WEISSMEHL UND WEISSMEHLPRODUKTE

Meist Weizenmehl Type 405 oder 550 mit hoher Energiedichte und Mineralstoffarmut. Starke Blutzuckerwirkung fördert Heißhunger. Weißmehlprodukte (Baguette, Brötchen, Kekse, Kuchen, Toast,

Croissant, Pizza) sind oft kalorien-, zucker- und (trans)fettreich.

CEREALIEN

Kalorien- und zuckerreich: 100 g liefern etwa 10–49 g Zucker, Glukosesirup und Emulgatorenzusätze. Wegen des fehlenden Vollkornanteils sind sie potenziell ballaststoffarm.

WEISSER (GESCHÄLTER) REIS

Das Abschälen der nährstoffreichen Silberhaut und der Polierprozess hinterlassen ein stärkehaltiges, nährstoff- und ballaststoffarmes Produkt. Negative Blutzuckerspitzen werden begünstigt. Parboiled Reis enthält zwar noch 80 % der Nährstoffe, ist aber ballaststoffarm.

LIGHT-PRODUKTE

Sie enthalten etwa 30 % weniger Fett und Zucker als normale Produkte, sättigen aber auch weniger. Kritisch sind die künstlichen Süßstoffe (zum Beispiel Aspartam, Saccharin).

FRUCHTJOGHURT

Fettarme Varianten mit raffiniertem Zucker oder künstlichen Zuckerersatzstoffen, Verdickungsmitteln und Aromen sind ungünstig. Teils hoher Zuckeranteil: In 250 g Joghurt sind bis zu 33 g, das entspricht dem Zucker einer halben Tafel Schokolade. Naturjoghurt enthält bereits etwa 4,5 g Zucker auf 100 g.

FERTIGGERICHTE UND FERTIGSAUCEN

Zusätze von raffiniertem Zucker und Glukosesirup, Salz, gehärtetem Fett und Geschmacksverstärkern (Hefeextrakt) und Verdickungsmitteln, Emulgatoren etc. Die Kombination aus schlechtem Fett und Zucker sowie Zusatzstoffen ist ungünstig.

WURST UND FLEISCH MIT NITRITZUSATZ

Pökelsalz zur Konservierung als Gemisch aus Salz und Kalium- oder Natriumnitriten (E 249–252) ist kritisch. Nitrit kann mit Eiweißen (Aminen) sogenannte Nitrosamine bilden, die sind bei hohen Temperaturen im Tierversuch krebserregend.

HERKÖMMLICHE EIWEISSRIEGEL

Kalorienreich mit hochverarbeitetem Sojaprotein, Zucker, Glukose-Fruktose-Sirup, Transfetten und künstlichem Aroma. Sirupzusätze sind ungünstig für Gewicht, Leber- und Darmgesundheit.

SCHOKORIEGEL

Reich an Kohlenhydraten aus Zucker, Glukosesirup, Milchzucker und Salz, gehärtetem Fett und Emulgatoren. Künstliches Vanillearoma (Vanillin) kann Allergien und Heuschnupfen begünstigen.

GEMÜSEBRÜHE

Wenig Gemüse, viel Salz, Geschmacksverstärker wie Glutamat, Aromen, Zucker und Palmöl. Nach dem Bundesinstitut für Risikobewertung und der DGE ist ein gelegentlicher Verzehr noch ungefährlich. Alternative: Biogemüsebrühe ohne Zusätze.

ZITRONENSAFTKONZENTRAT

Zitronensaftkonzentrate mit Zusätzen aus Säuerungsmittel Zitronensäure (oder E 330) und Antioxidationsmittel. Empfohlen: reine Produkte ohne Zusatzstoffe oder frisch gepresster Zitronensaft.

FALSCH ERHITZTE PFLANZENÖLE

Das Erhitzen von Ölen über ihren Rauchpunkt (Olivenöl und Rapsöl über 160 °C) oder von Ölen mit empfindlichen Omega-3-Fettsäuren (Leinöl, Hanföl, Walnussöl, Weizenkeimöl) führt zur gefährlichen Oxidation des Öls. Hierbei entstehen arterioskleroseférdernde oxidierte LDL-Cholesterine und Risiken für chronische Erkrankungen, Krebs und koronare Herzerkrankung.

SOFTDRINKS

Enthalten viel Zucker, künstliche Süßstoffe, Zuckeraustauschstoffe und Glukose-Fruktose-Sirup. Künstliche Aromen fördern potenziell Übergewicht, Karies und Allergien. Phosphorsäure (Phosphat) begünstigt Knochenschwund/ Osteoporose.

FRUCHTSÄFTE

Wenn, dann am besten frisch gepresst. Zucker- und Kaloriengehalt wird gern unterschätzt. Der Ballaststoffanteil ist geringer als bei Obst. Fruchtnektare haben nur 25–50 % Fruchtanteil, bis 20 % Gesamtgewicht ist Zucker erlaubt. Fruchtsaftgetränke haben nur 20–30 % Fruchtanteil und die Aromazusätze sind kritisch.

WIE BLEIBEN VITALSTOFFE ERHALTEN? RICHTIG ZUBEREITEN UND AUFBEWAHREN

Die Nummer eins unter unseren Vitalstofflieferanten ist unschlagbar Gemüse: Jede Sorte hat ein ganz individuelles, besonderes Nährstoffspektrum aus Vitaminen, Mineralien, Spurenelementen und wertvollen sekundären Pflanzenstoffen. Gesundheitlich und kulinarisch lohnt es, das ganze Potpourri an Gemüse von A wie Aubergine bis Z wie Zucchini (siehe Register) auf den Teller zu bringen. Ein liebevoll gewähltes Lebensmittel verdient Respekt. Genauso, wie man mit Menschen respektvoll umgehen sollte, verhält es sich irgendwie auch in der Küche. Wir sollten unsere Vitalmacher behutsam behandeln, statt sie mit zu viel Wasser zu quälen und totzukochen. Ähnlich wie Omega-3-Fettsäuren aus Pflanzenölen haben die sensiblen Vitalstoffe aus Gemüse das tödliche Trio der natürlichen Feinde: Licht, Hitze, Sauerstoff. Hinzu kommt beim Gemüse der unscheinbare, aber trotzige Feind – das Wasser, in dem sie gegart werden. Um einen spürbaren gesundheitlichen Nutzen aus Brokkoli und Co. zu ziehen, sollte Gemüse täglich, am besten mehrmals, in unseren Mägen landen. Und die Zubereitung? Da scheiden sich Geister und Geschmack: roh, leicht gedämpft, gegrillt, gebacken oder gebraten, pur, in Sauce eingekleidet oder mit Öl ummantelt? Was nun? Blicken wir genauer hin, ist Gemüse in roher Form am vitalstoffreichsten, das heißt, eine Portion Rohkostgemüse oder Salat ist ein sinnvolles Ritual. Das Erhitzen killt potenziell viele Vitalstoffe. Auch hier gibt es feine Unterschiede der Garmethoden. Besonders schonend ist Dünsten, also das Garen mit ganz wenig Wasser oder im eigenen Saft. Nicht nur die wasserlöslichen Vitamine wie Vitamin C und Vitamin B_1 sowie wertvolle Mineralien bleiben so geschützt, auch geschmacklich ist Dünsten der Garant für knackiges und peppiges Al-dente-Gemüse.

Brokkoli, Karotten und Co. lassen sich also perfekt in heißem Wasserdampf garen, zum Beispiel im Dampfgarer oder in einem gut schließenden Topf mit Siebeinsatz. Aber auch kurzes Anbraten in hitzestabilem Öl in der Pfanne oder im Wok ist eine Alternative. Der Vitaminkiller schlechthin ist das langsame Garen mit viel Flüssigkeit bei Temperaturen von 75 bis 95 °C oder das klassische Kochen in sprudelnd-siedendem Wasser. Dann ist unter Garantie jedes wertvolle Vitamin und Mineral zuverlässig gar gekocht – und der gesundheitliche Wert verpufft mit dem Wasserdampf auf den Fensterscheiben.

Tipp: Der optimale Garbereich liegt bei etwa 70–75 °C. Beispiel: 100 ml Wasser in einem normal großen Topf erhitzen, eine große Prise Meersalz hinzugeben, dann etwa 500 g Gemüse garen. Je weniger Wasser verwendet wird und je größer die Gemüsestücke sind, umso geringer ist der Vitalstoffverlust. Meersalz hat den Vorteil, dass es nicht so salzintensiv schmeckt. Bei Verdauungsbeschwerden oder individueller Unverträglichkeit empfehle ich nochmals, die Haut von Tomaten und Paprika zu entfernen, da diese oft starke Blähungen und Verdauungsbeschwerden hervorrufen kann. Aber es gibt noch weitere Tricks, die die Einbuße an guten Inhaltsstoffen minimieren: Deckel benutzen!

Auf jeden Topf passt ein Deckel – im Leben und in der Küche. Kramen Sie den passenden Deckel hervor und tun Sie sich und dem Gemüse den Gefallen, den Topf fest zu schließen und ihn während des Garprozesses möglichst selten zu öffnen. So können Gesundstoffe nicht verloren gehen.

Tipp: Kochwasser, das die Vitamine und Mineralstoffe enthält, lässt sich großartig als Grundlage für eine Brühe oder Sauce nutzen. Wir machen uns manchmal mehr Arbeit als nötig: Gemüse wird unbedacht sehr klein geraspelt oder geschnitten. Doch nicht nur wegen der Verwässerung beim Garen ist überehrgeiziges Kleinschnippeln sinnlos, sondern auch wegen der Gefahr der Oxidation. Oxidiertes, also mit Sauerstoff belüftetes Gemüse verliert die wertvollen flüchtigen ätherischen Öle, wie zum Beispiel aus Kohl, Fenchel und Basilikum. Sehen Sie es also positiv, wenn Sie keine ästhetisch akkurat kleinen Stücke wie ein Kochprofi hinbekommen. Das brauchen Sie nicht immer. Im Gegenteil!

Apropos klein: Nicht nur das Verkochen und das Zukleinschneiden von Gemüse reduzieren die Vitalstoffe ungewollt auf Zwergengröße, auch die falsche Lagerung. Frische Gemüseware darf nicht so lange im Kühlschrank lagern, dass sie scheinbar wieder Wurzeln schlägt. Bereits beim Einkauf sollten Sie als informierter und bewusster Genießer auch bei Zeitknappheit darauf achten, dass eine Karotte schön und fest in der Spannkraft ist statt runzelig und weich.

Tipp: Auf dem Markt kann man bereits beim Gemüsehändler das Grün von Gemüse wie Karotten oder Kohlrabi abtrennen, da die Blätter die Nährstoffe aus der restlichen Karotte oder dem Kohlrabi ziehen. Wenn Sie das nicht tun, züchten Sie im eigenen Kühlschrank quasi ein blutleeres Möhrchen.

Und wie lagert man Gemüse korrekt? 1. Regel: Nie zu lange! 2. Regel: Vorgeschnittenes Gemüse wie Karotten oder Kohlrabi sollte zumindest in ein verschließbares Silikon- oder Plastikbehältnis (ohne Weichmacher) mit verschließbarem Deckel gegeben werden, ohne vorher zerkleinert zu werden, weil der Umfang der Oxidation in Relation zur Oberfläche steht. Optimal ist ein gut verschließbares Behältnis aus Glas. Der gute Umgang mit Gemüse will auch hier gepflegt sein, damit das prinzipiell wertvolle Lebensmittel möglichst wenig Sauerstoff abbekommt.

Kräuter sollten zum bestmöglichen Frischhalten nicht wie ein Blumenstrauß ins Wasserglas gestellt werden. Für frische Vitalstoffe muss ein passendes feuchtes Mikroklima geschaffen werden. Kräuter werden leicht welk, wenn sie nur im Wasser herumstehen, da sie sich nicht über die Stängel versorgen, sondern durch Feuchtigkeit über das Blattwerk.

Tipp: Petersilie, Basilikum, Schnittlauch, Rosmarin, Estragon und andere Spieler der wunderbaren Kräutermannschaft pflegen und hegen Sie ganz einfach: Waschen, abtrocknen, in feuchtes Küchenpapier einwickeln und in einen preisgünstigen Aufbewahrungsbeutel mit Zip-Verschluss geben. So können die Kräuter unproblematisch länger frisch gehalten werden.

WAS TAUGT TIEFKÜHLKOST? SELBST EINFRIEREN, ABER RICHTIG

Beim Einkauf gehört der beherzte Griff in die Tiefkühltruhe inzwischen zu den liebsten Einkaufsgewohnheiten. War Tiefkühlkost noch in den 1960er-Jahren die Revolution in der Küche, ist sie jetzt Selbstverständlichkeit. Eine kleine Firma des Grönlandliebhabers und Naturforschers Clarence Birdseye stellte in den 1920er-Jahren die erste Schockgefrieranlage her und vermarktete ab 1930 tiefgekühltes Gemüse. Tiefkühlen ist per se die naturnaheste Art der Lebensmittelkonservierung. Lebensmittel werden so ohne chemische und künstliche Zusätze, Sterilisation und Pasteurisierung lagerfähig. Im Angebot sind Pizzen, Flammkuchen, Eiswaffeln, Fertiggerichte und buntes Gemüse, Beeren, Obst, Fisch, Schalen- und Krustentiere sowie Fleisch. Was aber taugt die Tiefkühlkost?

Die Qualität der Tiefkühlkost hängt wie bei allen Lebensmitteln nicht nur von der Produktion, sondern auch von der Lagerung ab. Auch die Herkunft und die weiteren Zutaten sind kritische Punkte. Transportwege setzen der Qualität frischer Produkte zu. Wenig verarbeitet, möglichst ohne Zusatzstoffe, mit Sorgfalt aufgetaut und zubereitet, sind Tiefkühlprodukte gesundheitlich nicht weniger wertvoll als frische Produkte. Die Nährstoffanalysen bestätigen die Vermutung: 100 g erntefrische Erbsen enthalten zum Beispiel im Schnitt 17 mg Vitamin C, die gleiche Menge tiefgefrorene Erbsen 10 mg Vitamin C. Auch sekundäre Pflanzenstoffe sind selbst nach einem Jahr Tiefkühllagerung noch bis zu 80 % enthalten. Tiefkühlkost hat somit durch die Herstellung (Blanchieren, Schockfrosten) einen gewissen Schutz und eine gute Nährstoffbilanz. Entscheidend sind aber die Aufbewahrung der Tiefkühlkost und eine sachgemäße Zubereitung, damit wertvolle Inhaltsstoffe tatsächlich auf unserem Teller landen. Eine ausreichende Kühlung, optimal bei konstant −18 °C, ist wichtig, denn ein angetautes Tiefkühlprodukt verliert den geschmacklichen und gesundheitlichen Vorteil. Deshalb an dieser Stelle die besten Regeln für den Umgang mit Tiefkühlkost.

GEMÜSE UND OBST

Tiefgekühltes Gemüse kann im gefrorenen Zustand zubereitet werden, kurzes Blanchieren, also Garen, etwa 2–3 Minuten in heißem Wasser, schützt die Vitamine. Wer sich besonders an leuchtenden Farben wie beispielsweise des Brokkolis erfreut, taucht das Gemüse anschließend kurz in eiskaltes Wasser. Obst sollte zum

Rohverzehr im Kühlschrank etwas antauen, ab etwa 15 °C entwickelt sich das volle Aroma.

FLEISCH UND FISCH

Fisch und Meeresfrüchte kurz unter fließendem Wasser abwaschen. Fisch nicht bei Zimmertemperatur, sondern im Kühlschrank langsam auftauen und nicht mit dem Tauwasser in Kontakt kommen lassen (zum Beispiel mit einem kleinen Sieb). Im Tauwasser entwickeln sich potenziell krankheitserregende Keime. Das gilt auch für Geflügel und Fleisch. Die Verarbeitung sollte maximal 24 Stunden nach dem Auftauen erfolgen.

EINFRIEREN – GEWUSST, WIE!

Empfehlenswert ist, den Überblick über das bunte Treiben in der Tiefkühltruhe zu bewahren, dazu gehört auch gut lesbare Beschriftung mit Datum auf Gefrierbeutel oder -box. Länger als ein Jahr sollte grundsätzlich kein Gefriergut im Kühlfach lagern. Auch das Wiedereinfrieren von aufgetauten Lebensmitteln wird wegen Nährstoffverlust und möglicher Keimbelastung nicht empfohlen. Viele frische Produkte lassen sich problemlos einfrieren, aber nicht jedes Gemüse ist für das Tiefkühlfach bestimmt. Zum Beispiel: Tomaten, Zwiebeln, Radieschen, ganze Äpfel, Weintrauben und Salatgurken eignen sich nicht zum Einfrieren in rohem Zustand, da sie beim Auftauen als matschiges Etwas weniger gut verwendbar sind und geschmacklich eher durchfallen. Zum Gefrieren im Rohzustand eignen sich Zucchini und Pilze. Bei Pilzen ist es persönliche Geschmackssache, ob lieber frisch verzehrt oder tiefgekühlt wird. Sorgfältig geputzt und klein geschnitten überstehen sie im Gefrierbeutel etwa sechs Monate. Suppen oder andere fertig gekochte Speisen eignen sich dagegen optimal zum Einfrieren bei einer Lagerung von drei bis vier Monaten. Gemüsesorten wie Kohlgemüse, Fenchel oder Möhren werden am besten geschnitten, blanchiert und gekühlt. Brokkoli und Kohlrabi können wie alle hellen Gemüsesorten mit einem Schuss Zitronensaft bereits im Kochwasser aufgepeppt werden, so bleibt die Farbe erhalten. Abgetropftes Gemüse kann einfach im Beutel gefroren werden. Frische Kräuter lassen sich im Ganzen einfrieren und werden dann unaufgetaut mitgekocht. Einfach! Und Obst? Fast jedes Obst kann eingefroren werden, vorausgesetzt, die Früchte sind sauber und ohne Schimmel oder verdächtige Fäulniszeichen. Beeren behalten ihre schöne Form, wenn man sie für ein paar Stunden auf einem kleinen Tablett einfriert und hartgefroren in Gefrierbeutel umfüllt. Die Farbe der Früchte wird besser konserviert, wenn man etwas Zucker darüberstreut. Aus gesundheitlicher Sicht bevorzuge ich die zuckerfreie, puristische Variante. Auch magere Sorten von Fisch und Fleisch eignen sich gut zum Einfrieren, fette Ränder sollten abgetrennt werden. Lagerungszeit bei magerem Fisch etwa drei Monate, fetter Fisch etwa vier Wochen, Fleisch bis etwa sechs Monate.

Backwaren und Brot sind gut für die Tiefkühlwelt geeignet, genauso wie roher Teig. So kann man von ein paar Rezepten – zum Beispiel die Buchweizengnocchis – einfach mehr vorbereiten und den Teig portionsweise auftauen. Brot lässt sich ganz praktisch auch geschnitten einfrieren und im Alltag scheibchenweise und kohlenhydratbewusst verzehren.

Milch und Milchprodukte sind umso besser zum Einfrieren geeignet, je fetter sie sind. Butter ist ein sehr gutes Beispiel.

Öle, zum Beispiel hochwertiges Leinöl, sind zu unserem Leidwesen oft nur kurz haltbar. Um den besten gesundheitlichen Nutzen zu erzielen, empfiehlt es sich, hochwertiges Leinöl maximal bis etwa zwölf Wochen nach omegageschützter Pressung zu verzehren. Die gute Nachricht: Leinöl und andere wertvolle Pflanzenöle wie Olivenöl lassen sich einfrieren. So bewahren sie wertvolle Inhaltsstoffe, und ihre Haltbarkeit kann verdoppelt werden.

REZEPTE

SUPPEN

VEGAN LAKTOSEFREI — Pro Person kcal 224 E 6 g F 7 g KH 32 g

TOMATENSUPPE MIT ROGGENBROT-CROÛTONS

Zubereitung 25 Minuten

FÜR 2 PERSONEN

15 g Olivenöl

40 g Zwiebel, in Stücke geschnitten

1 Knoblauchzehe, grüner Keimling entfernt und Zehe in Stücke geschnitten

½ EL Tomatenmark

325–350 g vollreife Tomaten, in Stücke geschnitten

½ EL Ahornsirup

275 g Gemüsebrühe

Meersalz

frisch gemahlener schwarzer Pfeffer

Basilikumblätter zum Garnieren

Für die Croûtons

1–2 Scheiben Roggenbrot*, in Würfel geschnitten

1 Knoblauchzehe, zerdrückt

1–2 EL Olivenöl

- Das **Olivenöl** in einem Topf auf niedriger Stufe erhitzen. **Zwiebel** und **Knoblauch** zugeben und 2 Minuten dünsten. Dann das **Tomatenmark** zugeben und ebenfalls kurz anschwitzen. **Tomaten** und **Ahornsirup** hinzufügen, verrühren und die **Gemüsebrühe** angießen. Mit **Salz** und **Pfeffer** würzen, aufkochen und 10 Minuten köcheln lassen.
- Inzwischen für die Croûtons eine Pfanne auf mittlerer Stufe ohne Fettzugabe erhitzen. Die **Brotwürfel** in eine Schüssel geben, den **Knoblauch** zufügen, mit dem **Olivenöl** beträufeln und gut vermengen. Dann die Brotwürfel in der heißen Pfanne unter Wenden rundum rösten, bis sie goldbraun sind. Vom Herd nehmen.
- Die Suppenmischung im Standmixer mit der Funktion »heiße Speisen« glatt mixen. Alternativ mit dem Stabmixer zu einer glatten Suppe verarbeiten.
- Die Tomatensuppe abschmecken und in zwei tiefe Teller füllen. Mit den Roggenbrot-Croûtons bestreuen und mit **Basilikum** garniert servieren.

TOMATEN

Vitamine A, B, C und E, Eisen, Kalium, Magnesium, Kalzium, Phosphor, Kupfer und Zink. Entzündungshemmendes Naturkortison mit zellschützender, antioxidativer Wirkung durch sekundäre Pflanzenstoffe wie Terpene, Flavone und Karotinoide. Roter Farbstoff Lycopin als besonderer Radikalfänger.

* Für Menschen mit Laktoseintoleranz Bei Fertigprodukten darauf achten, dass sie auch wirklich frei von Laktose sind.

Pro Person kcal 141 E 6 g F 3 g KH 19 g VEGAN LAKTOSEFREI GLUTENFREI

FRÜHLINGSSÜPPCHEN

Zubereitung 30 Minuten

FÜR 4 PERSONEN

2 EL Pflanzenöl

100 g Zwiebeln, gewürfelt

1 Zweig Rosmarin, Nadeln gehackt

200 g Drillinge, gewürfelt

250 g Karotten, gewürfelt

Meersalz

frisch gemahlener schwarzer Pfeffer

100 g grüne Bohnen, in 2–3 cm lange Stücke geschnitten

180 g Kohlrabi, gewürfelt

250 g weißer Spargel, geschält, schräg in Scheiben geschnitten und die Spitzen halbiert

120 g Zucchini, längs halbiert und in Scheiben geschnitten

100 g Frühlingszwiebeln, in schräge Scheiben geschnitten

Gartenkresse zum Garnieren

- Das **Pflanzenöl** in einem großen Topf auf mittlerer Stufe erhitzen. **Zwiebeln, Rosmarin, Kartoffeln** und **Karotten** zugeben und gut 2 Minuten anschwitzen. 850 g Wasser angießen und mit **Salz** und **Pfeffer** würzen.
- Aufkochen, den Deckel aufsetzen und die Suppe 5 Minuten köcheln lassen. Dann **Bohnen** und **Kohlrabi** zugeben und 4 Minuten abgedeckt köcheln lassen. **Spargel** und **Zucchini** hinzufügen und weitere 3 Minuten abgedeckt garen. Zum Schluss die **Frühlingszwiebeln** zugeben und 1 Minute mitköcheln lassen.
- Die Frühlingssuppe abschmecken, auf vier tiefe Teller verteilen und mit etwas **Gartenkresse** garniert servieren.

i

KOHLRABI

Vitamine C, B_1, B_2 und B_6, Phosphor und sekundäre Pflanzenstoffe wie Karotinoide stärken Immunsystem und Knochengesundheit und dienen dem Zellschutz. Magnesium wirkt als Antistressmittel. Der hohe Gehalt an Selen wirkt nach Konsum von Nikotin oder Alkohol günstig. Entwässernde und blutdrucksenkende Wirkung.

GARTENKRESSE

Althochdeutsch »cresso« = scharf, pikanter Geschmack durch Senfölglykoside. Reich an Eisen (1,3 mg/100 g), Folsäure (ideal in der Schwangerschaft) und den Vitaminen C, A und B_1. Salat mit überdurchschnittlichem Eiweißgehalt (über 4 %). Verdauungsregulative, blutzuckersenkende und antibakterielle Wirkung.

VEGAN LAKTOSEFREI GLUTENFREI Pro Person kcal 208 E 5 g F 11 g KH 25 g

KÜRBISSUPPE MIT KÜRBISKERNEN UND ÖL

Zubereitung 25 Minuten

FÜR 2 PERSONEN

½ EL Kokosöl

60 g Zwiebel, in Stücke geschnitten

1 Knoblauchzehe, grüner Keimling entfernt und Zehe halbiert

15 g Ingwerwurzel, geschält und in Stücke geschnitten

1 Lorbeerblatt

1 kleiner Zweig Rosmarin

350 g Hokkaido-Kürbis, Kerne entfernt und Fruchtfleisch in grobe Stücke geschnitten

Meersalz

frisch gemahlener schwarzer Pfeffer

50 g Weißwein

350 g Gemüsebrühe

1 Prise Chiliflocken (nach Belieben)

Für das Topping

1–2 EL Kürbiskerne

1 EL Kürbiskernöl

- Das **Kokosöl** in einem Topf auf mittlerer Stufe erhitzen. **Zwiebeln, Knoblauch, Ingwer, Lorbeerblatt** und **Rosmarin** zugeben und 1 Minute anschwitzen. **Kürbis** hinzufügen und 2 Minuten mitgaren. Mit **Salz** und **Pfeffer** würzen, dann mit **Weißwein** ablöschen. Die Mischung aufkochen, die **Brühe** dazugießen und wieder aufkochen. Den Deckel aufsetzen und 10–12 Minuten köcheln lassen, bis der Kürbis weich ist.
- Inzwischen für das Topping die **Kürbiskerne** in eine Pfanne geben und bei mittlerer Temperatur ohne Fettzugabe unter Rühren 2–3 Minuten rösten. Vom Herd nehmen.
- Die Suppe im Standmixer mit der Funktion »heiße Speisen« glatt mixen. Alternativ mit dem Stabmixer glatt pürieren. Mit **Salz** und **Pfeffer** abschmecken und nach Belieben die **Chiliflocken** zugeben.
- Die Kürbissuppe in zwei tiefe Teller füllen, mit den gerösteten Kürbiskernen und nach Belieben mit Chiliflocken bestreuen und mit dem **Kürbiskernöl** beträufelt servieren.

i

KÜRBIS

Nährstoffbombe aus Betacarotin, antioxidativem Vitamin E, Vitamin B, Folsäure, Kalium, Magnesium, Natrium, Eisen, Phosphor und Kieselsäure. Stärkt Entwässerung, Sehvermögen, Bindegewebe und Zellschutz. Der hohe Ballaststoffanteil optimiert die Verdauung. Wärmende Wirkung von innen.

INGWER

Wunderknolle, reich an den Vitaminen C und B sowie Mineralien (Eisen, Magnesium, Kalzium, Phosphor). Heilende ätherische Öle wie Zingiberol, Gingerol und Shogaol. Wirkt antientzündlich, antimikrobiell, schmerzlindernd, stoffwechselstimulierend, potenzsteigernd. Lindert Magen-Darm-Beschwerden (Übelkeit).

Pro Person kcal 269 E 5 g F 11 g KH 37 g VEGETARISCH GLUTENFREI

SÜSSKARTOFFELSUPPE MIT CURRYSAHNE

Zubereitung 25 Minuten

FÜR 4 PERSONEN

1 EL Kokosöl

520–530 g Süßkartoffeln, in Stücke geschnitten

120 g Zwiebeln, in Stücke geschnitten

1 EL Currypulver

1 Msp. Chiliflocken

1 l Gemüsebrühe

Meersalz

Für das Topping

100 g Sahne

1 Prise Meersalz

1 TL Currypulver

frischer Koriander zum Garnieren (nach Belieben)

- Das **Kokosöl** in einem großen Topf auf mittlerer Stufe erhitzen. **Süßkartoffeln** und **Zwiebeln** zugeben und 2 Minuten anschwitzen. Mit **Currypulver** und **Chiliflocken** bestreuen, gut vermengen und die **Gemüsebrühe** zugießen. Mit **Salz** würzen, den Deckel aufsetzen und 12 Minuten köcheln lassen.
- In der Zwischenzeit für das Topping die **Sahne** mit **Salz** und **Currypulver** cremig-fest aufschlagen und kalt stellen.
- Die Suppe im Standmixer mit der Funktion »heiße Speisen« glatt mixen. Alternativ mit dem Stabmixer glatt pürieren.
- Die Süßkartoffelsuppe in vier tiefe Teller füllen und je einen großen Löffel Currysahne daraufsetzen. Nach Belieben mit **Koriander** garnieren und servieren.

i

SÜSSKARTOFFEL

Ballaststoffreiche Vitalstoffbombe, reich an den Vitaminen C, E, B_2, B_6 und Biotin sowie Kupfer, Mangan, Folsäure und Eisen. Sekundäre Pflanzenstoffe (Karotinoide und Anthocyane) wirken antioxidativ und antientzündlich. Cholesterinsenkend, geringe Blutzuckerwirkung (für Diabetiker besonders empfohlen).

KOKOSFETT

Über 90 % Anteil gesättigtes Fett, sehr hitzebeständig. Wertvolle MCTs (mittelkettige Triglyzeride) wie Laurinsäure, Myristinsäure und Caprylsäure als leicht verdauliche, wasserlösliche Fette liefern schnelle Energie. Steigerung des herzschützenden HDL-Cholesterins und antimikrobielle Wirkung.

VEGETARISCH — Pro Person kcal 413 E 15 g F 18 g KH 43 g

KICHERERBSENSUPPE MIT PAPRIKA

Zubereitung 25 Minuten

FÜR 2 PERSONEN

1 EL Pflanzenöl

80–100 g Zwiebeln, in Scheiben geschnitten

2 Knoblauchzehen, grob gehackt

4 EL scharfes Ajvar

1 EL Tahin (Sesampaste)

400 g (Einwaage) Kichererbsen aus der Dose

500 g Gemüsebrühe

3–4 Stängel Estragon, Blätter abgezupft

Meersalz

frisch gemahlener schwarzer Pfeffer

Für das Topping

½ rote Paprikaschote

50–60 g Dinkel-Backerbsen (Fertigprodukt)

- Das **Pflanzenöl** in einem großen Topf auf mittlerer Stufe erhitzen. **Zwiebeln** und **Knoblauch** hinzufügen und 2 Minuten unter gelegentlichem Rühren anschwitzen. **Ajvar** und **Tahin** zugeben und alles gut verrühren. Die **Kichererbsen** samt Einmachflüssigkeit in den Topf geben und die **Gemüsebrühe** zugießen. Vom **Estragon** einige Blätter zum Garnieren beiseitelegen. Den restlichen Estragon zur Suppenmischung geben, aufkochen, den Deckel aufsetzen und 10 Minuten köcheln lassen.
- Währenddessen für das Topping die **Paprika** entkernen und mit einem Sparschäler die Schale von der Paprika abschälen. Dann das Fruchtfleisch fein würfeln.
- Die Suppe im Standmixer mit der Funktion »heiße Speisen« glatt mixen. Alternativ mit dem Stabmixer glatt pürieren. Mit **Salz** und **Pfeffer** abschmecken.
- Die Kichererbsensuppe auf vier tiefe Teller verteilen. Dann mit Paprikawürfeln, **Dinkel-Backerbsen** und beiseitegelegtem Estragon toppen und servieren.

i

KICHERERBSE

Lateinisch »cicer« = Erbse. Wertvoller Vitalstofflieferant mit reichlich Eiweiß. Eine Portion (165 g) deckt den Bedarf an 70 % Folsäure, 65 % Kupfer, 50 % Ballaststoffen, 25 % Eisen und Zink. Antioxidativer Zellschutz durch Flavonoide, Quercetin und Myricetin. Blutzuckerausgleichende Wirkung.

ESTRAGON

Naturheilmittel mit herb-pikantem Geschmack durch wertvolle ätherische Öle, Bitterstoffe und Gerbstoffe. Reich an Kalium, Salicylsäure, Vitamin C und Zink. Verdauungsfördernd, lindert Blähungen und Schmerzen, stoffwechselaktivierend, immun- und rekonvaleszenzstärkend.

TIPP Dinkel-Backerbsen gibt es im Supermarkt zu kaufen.

Pro Person kcal 437 E 9 g F 5 g KH 80 g VEGETARISCH LAKTOSEFREI GLUTENFREI

KARTOFFEL-BACKPFLAUMEN-EINTOPF

Zubereitung 35 Minuten

FÜR 2 PERSONEN

1 EL Butterschmalz

150 g Zwiebeln, gewürfelt

1 Zweig Rosmarin, Nadeln gehackt

500 g Kartoffeln, gewürfelt

Meersalz

frisch gemahlener schwarzer Pfeffer

600 g Gemüsebrühe

150 g entsteinte Backpflaumen, je nach Größe halbiert oder geviertelt

- Das **Butterschmalz** in einem Topf auf mittlerer bis hoher Stufe erhitzen. **Zwiebeln** und **Rosmarin** zugeben und 2 Minuten anschwitzen. Dann die **Kartoffeln** hinzufügen und weitere 2 Minuten unter gelegentlichem Rühren garen. Mit **Salz** und **Pfeffer** würzen und die **Gemüsebrühe** zugießen. Aufkochen, den Deckel aufsetzen und 17–18 Minuten köcheln lassen, dabei nach 10 Minuten Garzeit die **Backpflaumen** einrühren.
- Den Kartoffel-Backpflaumen-Eintopf mit **Salz** und **Pfeffer** abschmecken und zum Servieren in zwei tiefe Teller füllen.

TIPP Am besten ist der Eintopf, wenn er nach dem Garen im Topf noch 40–50 Minuten durchzieht. Dann geben die Pflaumen noch mehr Farbe ab, und der Geschmack wird noch perfekter. Zum Servieren kurz aufkochen, in Teller füllen und genießen.

i

ROSMARIN

Aromatisches Heilkraut, das mit seiner gesundheitlichen Wirkung durch die Kraft ätherischer Öle besticht. Wirkt durchblutungsfördernd, schützend auf das Herz-Kreislauf-System, krampflösend, verdauungsfördernd und desinfizierend. Besonders empfohlen bei chronischer Müdigkeit und Erschöpfungssyndrom.

LAKTOSEFREI GLUTENFREI — Pro Person kcal 230 E 25 g F 12 g KH 10 g

GEBUNDENE FISCHSUPPE

Zubereitung 30 Minuten

FÜR 4 PERSONEN

3 EL Olivenöl

180 g Zwiebeln, gewürfelt

350 g Seelachs oder anderer weißfleischiger Fisch, in Würfel geschnitten

150 g Petersilienwurzeln, geschält und gewürfelt

80 g Tomatenmark

½ TL Chiliflocken

Meersalz

frisch gemahlener schwarzer Pfeffer

850 g Gemüsebrühe oder Fischfond

Für die Garnierung

120 g geräuchertes Lachsrückenfilet am Stück, längs in 4–8 Streifen geschnitten

3 Stängel Dill, gehackt

1 EL Olivenöl

Meersalz

Außerdem

4 Holzspieße

- Das **Olivenöl** in einem großen Topf auf niedriger bis mittlerer Stufe erhitzen. Die **Zwiebeln** dazugeben und 1 Minute anschwitzen. **Fisch** und **Petersilienwurzeln** hinzufügen, gut vermengen und 2 Minuten anbraten. Das **Tomatenmark** zugeben und 2 Minuten unter Rühren garen.
- Mit **Chiliflocken, Salz** und **Pfeffer** würzen. Dann die **Gemüsebrühe** zugießen, aufkochen und 10 Minuten unter gelegentlichem Rühren köcheln lassen.
- Inzwischen für die Garnierung die **Lachsstreifen** wellenförmig auf die Holzspieße stecken und beiseitestellen.
- Nach der Garzeit die Suppe im Standmixer mit der Funktion »heiße Speisen« cremig mixen. Alternativ mit dem Stabmixer cremig verarbeiten.
- Die Suppe abschmecken und in vorgewärmte Schalen füllen. Die Lachsspieße mit dem gehackten **Dill** bestreuen und mit dem **Olivenöl** beträufeln. Leicht **salzen** und zur Suppe servieren.

PETERSILIENWURZEL

Unscheinbares Kraftfutter mit intensiv-würzigem Aroma aus wertvollen ätherischen Ölen, die die Verdauung und Verträglichkeit von Speisen fördern. Neben hochwertigem Eiweiß, Vitamin B, Kalzium und Eisen sehr reich an Vitamin C. Eine Portion (200 g) deckt den täglichen Bedarf bis zu 80 %.

TIPP Die Suppe ist sehr cremig und zieht immer gern etwas an, aber durch die Eiswürfel, die langsam in der Suppe schmelzen und erst vor dem Verspeisen in die Suppe gegeben werden, hat sie die perfekte Konsistenz. Die Avocadosuppe kann man gut vorbereiten, sie sollte aber innerhalb von 4–6 Stunden serviert werden.

Pro Person kcal 173 E 4 g F 14 g KH 6 g VEGETARISCH GLUTENFREI

KALTE AVOCADOSUPPE

Zubereitung 10 Minuten | Kühlzeit 60 Minuten

FÜR 4 PERSONEN

2 reife Avocados

250 g Naturjoghurt (3,5 % Fett)

260–280 g eiskaltes kohlensäurehaltiges Mineralwasser

40 g Schalotten, in Stücke geschnitten

4–5 Stängel Dill, grob gehackt

2–3 Stängel Petersilie, grob gehackt

abgeriebene Schale und Saft von 1 Biozitrone

1 EL Olivenöl

Meersalz

frisch gemahlener schwarzer Pfeffer

Für die Garnierung

8 Eiswürfel

1 Stängel Dill, gehackt

1 Stängel Petersilie, gehackt

6 Cocktailtomaten, in kleine Stücke geschnitten

- Die **Avocados** halbieren und die Kerne entfernen. Mit einem Löffel das Fruchtfleisch aus den Schalen lösen und direkt in den Standmixer geben. **Joghurt, Mineralwasser, Schalotten, Kräuter, Zitronenschale** und **-saft** sowie **Olivenöl** zugeben und kurz cremig mixen. Mit **Salz** und **Pfeffer** abschmecken.
- Für die Garnierung je zwei **Eiswürfel** in vier große Gläser geben und die Suppe gleichmäßig auf die Gläser verteilen (die Gläser sollten nur zu zwei Dritteln gefüllt sein). Mit **Dill, Petersilie** und **Tomatenstücken** garnieren und 60 Minuten im Kühlschrank kalt stellen.
- Die Gläser mit der kalten Avocadosuppe servieren.

i

AVOCADO

Gesundes Kraftpaket mit mehrfach ungesättigten Omega-3- und Omega-6-Fettsäuren in optimalem Verhältnis. Reich an Ballaststoffen, Vitamin E als Antioxidans, Kalium und Folsäure. Vitamin A und C, Pantothensäure, Magnesium, Kupfer, Eisen und Zink stärken Immunsystem, Nervensystem und Blutbildung.

SCHALOTTEN

Aromatische und fein schmeckende Zwiebel mit geringer Schärfe, geringe Bildung unangenehmen Mundgeruchs. Wertvolle schwefelhaltige ätherische Öle (Allicin), Vitamine A, B_1, B_2, B_6 und C. Wirkt tonisierend und stärkend; antioxidativer Darmschutzschild. Feste Form und trockene Schale empfohlen.

SALATE

VEGETARISCH GLUTENFREI | Pro Person kcal 611 E 26 g F 38 g KH 35 g

WARMER KÜRBISSALAT AUF GRIECHISCHE ART

Zubereitung 10 Minuten | Backzeit 30 Minuten

FÜR 2 PERSONEN

1 Hokkaido-Kürbis (700 g), entkernt und in dünne Spalten geschnitten

220–250 g Petersilienwurzeln, geschält und in längliche Stücke geschnitten

250–280 g rote Zwiebeln, in je 8 Spalten geschnitten

1 Biozitrone, in 6 Spalten geschnitten

6–8 Knoblauchzehen, grüner Keimling entfernt und Zehen halbiert

4 Zweige Thymian

Meersalz

60–70 g Olivenöl

40 g entsteinte schwarze und grüne Oliven

200 g Feta, in Stücke geschnitten

- Den Backofen auf 200 °C Umluft vorheizen. Ein Backblech mit Backpapier auslegen.
- **Kürbis** mit **Petersilienwurzeln, Zwiebeln, Zitronen, Knoblauch** und **Thymian** in eine Schüssel geben, mit **Salz** würzen, 40 g **Olivenöl** darüberträufeln und gut vermengen.
- Die Mischung auf dem vorbereiteten Backblech gleichmäßig verteilen und im vorgeheizten Ofen 25 Minuten backen, dabei, falls nötig, das Backblech im Ofen einmal drehen. Den Backofen ausschalten und die Gemüsemischung noch 5 Minuten im Ofen ruhen lassen.
- Das geröstete Gemüse mit **Oliven** und **Feta** auf zwei Tellern anrichten. Den Kürbissalat mit dem restlichen Olivenöl beträufeln, leicht mit **Salz** würzen und servieren.

KNOBLAUCH

»Wunderdroge« mit den Vitaminen A, C, B_1, B_2 und B_3, Selen, Kalium, Magnesium, ätherischen Ölen und Schwefelverbindungen (Allicin). Wirkt antibiotisch, antimikrobiell und antioxidativ. Zwei bis drei Zehen täglich bieten Schutz vor Arteriosklerose. **TIPP** für die beste Wirkung: frisch gehackte Knolle 15 Minuten ziehen lassen.

THYMIAN

Ätherische Öle (unter anderem Thymol, Carvacrol und Cineol) wirken schleim- und krampflösend (Atemwege) sowie schmerzlindernd. Antiseptische, antibakterielle und darmreinigende Effekte. Reich an antioxidativen Flavonoiden, Kalzium, Magnesium, Pentosan (Ballaststoff) und Stigmasterol (fördert gutes HDL-Cholesterin).

Pro Person kcal 251 E 13 g F 9 g KH 22 g VEGAN LAKTOSEFREI GLUTENFREI

ROTE-LINSEN-SALAT MIT FRÜHLINGSZWIEBEL, BIRNE UND HASELNÜSSEN

Zubereitung 10 Minuten

FÜR 4 PERSONEN

180 g rote Linsen

25 g Haselnusskerne

2–3 EL Weißweinessig

Meersalz

frisch gemahlener schwarzer Pfeffer

2–3 EL Haselnussöl (alternativ Sonnenblumenöl)

80 g rote Zwiebel, klein gewürfelt

4–5 Frühlingszwiebeln, in dünne Ringe geschnitten

½ feste Birne, geschält und klein gewürfelt

3 Stängel Minze, Blätter gehackt

TIPP Der Salat kann frisch zubereitet serviert werden, aber noch besser schmeckt er, wenn man ihn im Kühlschrank 3–4 Stunden durchziehen lässt. Minze fügt dem Salat Duft und Aroma hinzu, alternativ kann man aber auch frischen Koriander verwenden.

- Die **Linsen** in eine Schüssel mit kaltem Wasser geben und waschen. In ein Sieb abgießen und in einen Topf geben. 500 g Wasser zugießen, zum Kochen bringen und die Linsen 4–5 Minuten kochen, dabei den Schaum, der sich auf der Oberfläche bildet, mit einem Schaumlöffel abnehmen. Die Linsen in ein Sieb abgießen, unter fließendem kaltem Wasser abspülen und gut abtropfen lassen.
- Währenddessen die **Haselnüsse** in einer Pfanne auf mittlerer Stufe ohne Fettzugabe 3–4 Minuten rösten. Vom Herd nehmen und die Nüsse hacken.
- **Essig** in eine Schüssel geben, mit **Salz** und **Pfeffer** würzen und das **Haselnussöl** einrühren. Linsen, Nüsse, **Zwiebeln, Frühlingszwiebeln, Birnen** und **Minze** zugeben und gut vermengen.
- Den Linsensalat auf vier Schalen verteilen und servieren.

i

LINSEN

Wichtiger Eiweiß- und Ballaststofflieferant. Beeindruckt mit den Vitaminen C, B_1, B_2, B_3 und E sowie Kalium, Magnesium, Kalzium und reichlich Antioxidantien aus sekundären Pflanzenstoffen, Saponinen und Flavonen. Immunstärkende, cholesterinsenkende, blutzuckerausgleichende und lange sättigende Eigenschaften.

HASELNÜSSE

Früher Symbol für Lebenskraft, schenken sie mehrfach ungesättigte Fettsäuren, Vitamin E für Haut und Haare, Kalium sowie die Vitamine B_1, B_2 und B_6 zum Schutz von Muskeln und Nervenzellen, Phosphor für gesunde Knochen und Zähne. Verbessern das Lipidprofil (Cholesterinwerte) und stärken die Herzgesundheit.

VEGETARISCH — Pro Person kcal 706 E 20 g F 35 g KH 75 g

NUDELSALAT MIT CASHEWPESTO UND WASSERMELONE

Zubereitung 15 Minuten

FÜR 2 PERSONEN

Meersalz
200 g Vollkorn-Farfalle
1–2 EL Olivenöl
1 kg Wassermelone

Für das Pesto

100 g Cashewkerne
40 g Basilikumblätter
2 Knoblauchzehen, geschält
100 g Parmesan, in Stücke geschnitten
120 g Olivenöl
Meersalz
frisch gemahlener schwarzer Pfeffer

Außerdem

Kugelausstecher

TIPP Das restliche Pesto in ein sauberes Schraubglas füllen und nur so viel Olivenöl angießen, bis sich eine Ölschicht auf dem Pesto gebildet hat – so konserviert man das Pesto am besten. Im Kühlschrank hält es sich gut 4 Wochen.

- Leicht **gesalzenes** Wasser in einem Topf zum Kochen bringen und die **Nudeln** darin nach Packungsangaben bissfest kochen. In ein Sieb abgießen, dabei das Kochwasser auffangen, und die Nudeln abtropfen lassen. In eine Schüssel geben und mit dem **Olivenöl** vermengen.
- Inzwischen für das Pesto die **Cashewkerne** in einer Pfanne auf mittlerer Stufe ohne Fettzugabe anrösten. Vom Herd nehmen und 30 g Cashewkerne für den Salat beiseitelegen.
- Die **Basilikumblätter** waschen, trocken tupfen und einige davon zum Garnieren beiseitelegen. Das restliche Basilikum mit Cashewkernen, **Knoblauch, Parmesan, Olivenöl, Salz** und **Pfeffer** in den Standmixer geben und im Puls-Modus so lange zerkleinern, bis die Mischung cremig ist.
- 3–4 EL vom Pesto mit 5–6 EL Kochwasser zu den Nudeln in die Schüssel geben und gut vermengen (restliches Pesto anderweitig verwenden, siehe Tipp). Die beiseitegelegten Cashewkerne zugeben und vermengen.
- Die **Wassermelone** in drei dicke Spalten schneiden und mit dem Kugelausstecher Kugeln aus dem Fruchtfleisch lösen. Dann die Melonenschale abschneiden, das restliche Fruchtfleisch in einen hohen Mixbecher geben und mit dem Stabmixer pürieren. Den Melonensaft in zwei Gläser füllen.
- Den noch leicht warmen Nudelsalat auf zwei Schalen verteilen, einige Melonenkugeln darauf anrichten und mit den beiseitegelegten Basilikumblättern garnieren. Restliche Melonenkugeln mit dem Melonensaft separat dazu servieren.

CASHEWKERNE

Hochwertiges Eiweiß und Fett, Magnesium, Kalzium, Selen und Vitamin E. Stärken Herz- und Knochengesundheit, Blutdruckregulation, Schlaf, Immunsystem, Haut und Haare. Die Aminosäure L-Tryptophan baut das Glückshormon Serotonin. Krebsabwehr durch Gehalt von Kupfer und Proanthocyanidin.

Pro Person kcal 687 E 30 g F 50 g KH 24 g VEGETARISCH

FRISCHER TOMATENSALAT MIT ÜBERBACKENEM WALNUSSBROT

Zubereitung 10 Minuten | Backzeit 4–6 Minuten

FÜR 2 PERSONEN

Für den Salat

250–280 g verschiedenfarbige Cocktailtomaten

50 g Schalotten, klein gewürfelt

Meersalz

frisch gemahlener schwarzer Pfeffer

1 EL milder Weißweinessig

2 EL Olivenöl

5–6 Stängel glatte Petersilie, gehackt

Für das Brot

2–3 Scheiben Walnussbrot

2–3 EL Olivenöl

200 g Camembert oder Brie

50 g Walnusskerne, gehackt

- Den Backofen auf 210 °C Umluft mit Grillfunktion vorheizen. Ein Backblech mit Backpapier auslegen.
- Die **Cocktailtomaten** halbieren und mit den **Schalotten** in eine Schüssel geben. Mit **Salz** und **Pfeffer** würzen, den **Essig** darüberträufeln und vermengen, dann das **Olivenöl** einrühren. Den Tomatensalat nicht kalt stellen, sonst verliert er an Aroma.
- Für das Brot die **Brotscheiben** je nach Größe halbieren oder vierteln, auf das vorbereitete Backblech legen und mit dem **Olivenöl** beträufeln. Den **Käse** in dünne Scheiben schneiden und die Brote damit belegen. Zum Schluss mit den gehackten **Walnüssen** bestreuen. Im vorgeheizten Ofen auf der oberen Schiene 4–6 Minuten knusprig backen. Wenn der Käse anfängt zu zerlaufen, sind die Brotscheiben optimal geröstet.
- Die überbackenen Walnussbrote aus dem Ofen nehmen, Brote und Tomatensalat mit der **Petersilie** bestreuen und servieren.

TIPP Bei größeren Tomaten empfiehlt es sich, immer die Haut abzuziehen, dann sind sie bekömmlicher. Bei Cocktailtomaten ist das nicht nötig.

i

WALNÜSSE

Einzigartige Fettkombination aus ungesättigten Fettsäuren, zum Beispiel Alpha-Linolensäure. Eine Handvoll (30 g) täglich reicht als Schutzschild vor Arterienverkalkung, Herz-Kreislauf-Erkrankungen und schlechtem Lipidprofil. Vitamin B_6 und Magnesium mindern Müdigkeit und Nervosität und fördern die Konzentration.

LAKTOSEFREI GLUTENFREI | Pro Person kcal 556 E 25 g F 41 g KH 20 g

MATJESSALAT MIT LINSEN UND APFEL

Zubereitung 50 Minuten

FÜR 2 PERSONEN

2 frische (ungesalzene) Matjesfilets (à etwa 125–140 g), fein gewürfelt

1 Apfel (z. B. Elstar), entkernt und fein gewürfelt

Saft von 1 Zitrone

50 g Puy-Linsen

2 EL Olivenöl

100 g Zwiebeln, fein gewürfelt

1 Knoblauchzehe, halbiert

1 Zweig Rosmarin

Meersalz

frisch gemahlener schwarzer Pfeffer

½ EL Weißweinessig (nach Belieben)

Für die Salatbeilage

1 Handvoll Pflück- oder Wildkräutersalat

1–2 EL Olivenöl

Außerdem

Speisering (∅ 7–9 cm)

- **Matjes-** und **Apfelwürfel** in eine Schüssel geben, mit **Zitronensaft** beträufeln und vermengen.
- Die **Linsen** in eine Schüssel mit Wasser geben, kurz waschen, in ein Sieb abgießen und abtropfen lassen.
- Das **Olivenöl** in einem Topf auf niedriger Stufe erhitzen. **Zwiebeln, Knoblauch** und **Rosmarin** zugeben und 1–2 Minuten anschwitzen. Die Linsen zufügen, 150 g Wasser angießen und zum Kochen bringen. Den Deckel aufsetzen und die Linsenmischung 20 Minuten köcheln lassen. Vom Herd nehmen und 6–8 Minuten im Topf ziehen lassen, dabei zwischendurch umrühren.
- In der Zwischenzeit für die Beilage den Salat waschen und trocken schleudern.
- Knoblauchhälften und Rosmarinzweig aus den Linsen nehmen und entsorgen. Die Linsen zur Matjes-Apfel-Mischung in die Schüssel geben und vermengen. Mit **Salz, Pfeffer** und nach Belieben mit dem **Essig** abschmecken.
- Den Speisering auf die Mitte eines Tellers legen. Die Hälfte des Matjessalats einfüllen und glatt streichen. Dann den Ring vorsichtig abziehen und einen zweiten Teller auf die gleiche Weise vorbereiten. Den **Salat** um den Matjessalat herum verteilen und mit dem **Olivenöl** beträufeln.

i

MATJES

Nährstoffreichster Fisch mit wertvollen Omega-3-Fettsäuren, Eiweiß, den Vitaminen B_2, B_3, B_6, D und E, Fluor, Selen, Kalium, Natrium und Phosphor. Schutz vor Herz-Kreislauf-Erkrankungen und Cholesterinerhöhung. Fördert Gehirnaktivität und Konzentration. Jodgehalt für Schwangere, Stillende und Jugendliche günstig.

WILDKRÄUTER

Aromatische Ausnahmetalente. Übertreffen Vitalstoffe der Kulturgemüse: So liefert das Gänseblümchen dreimal mehr Kalium, Magnesium und Eisen als Kopfsalat. Hervorragender Gehalt an sekundären Pflanzenstoffen, Bitterstoffen, ätherischen Ölen, Gerbstoffen und Eiweiß (6,7 g/100 g »Unkraut« Giersch).

Pro Person kcal 317 E 15 g F 19 g KH 20 g VEGETARISCH GLUTENFREI

ROTE-BETE-SALAT MIT CHICORÉE UND FETA

Zubereitung 10 Minuten

FÜR 2 PERSONEN

250 g Rote Bete

¼ Bund Schnittlauch, in 3 cm lange Stücke geschnitten

2 EL milder weißer Balsamico-Essig

1 EL Ahornsirup

Meersalz

frisch gemahlener schwarzer Pfeffer

2 EL Sonnenblumenöl

1 Chicorée

120 g Feta, in Stücke geschnitten

- Die **Roten Beten** schälen und mithilfe des Gemüsehobels oder der Vierkantreibe in dünne Streifen schneiden.
- Die Rote-Bete-Streifen in eine Schüssel geben, **Schnittlauch, Essig** und **Ahornsirup** zugeben, mit **Salz** und **Pfeffer** würzen und das **Sonnenblumenöl** einrühren.
- Vom **Chicorée** die Blätter ablösen, waschen, trocken schütteln und das Herzstück in Streifen schneiden. Die Chicoréestreifen zur Rote-Bete-Mischung geben und vermengen.
- Die Chicoréeblätter dekorativ auf zwei Teller legen und den Rote-Bete-Salat mit dem **Feta** daneben anrichten.

i

CHICORÉE

Kalorienarme, »bittere Medizin« durch den Lactucopikringehalt. Fördert die Verdauung durch einen besseren Gallenfluss und reguliert das Hungergefühl. Die Vitamine B_1, B_2, B_3 und C, Phosphor, Kalium und Kalzium punkten neben einem hohen Ballaststoffanteil. Präbiotische Effekte unterstützen eine gesunde Darmflora.

VEGETARISCH Pro Person kcal 579 E 21 g F 48 g KH 14 g

CAESAR SALAD MIT GRÜNKOHL

Zubereitung 15 Minuten

FÜR 2 PERSONEN

120–130 g Grünkohl, Blätter von den Stielen abgezupft

Meersalz

2 EL Olivenöl

1 kleiner Romanasalat

1 Scheibe Walnussbrot, in Würfel geschnitten

8–10 Walnusshälften

20–30 g Parmesan, mit dem Sparschäler in dünnen Streifen abgezogen

Für das Dressing

2 gehäufte EL Mayonnaise

3 EL frisch geriebener Parmesan

1 Knoblauchzehe, zerdrückt

2–3 EL Zitronensaft

2 große Spritzer Worcestersauce

3 EL Olivenöl

1 Msp. Chiliflocken

Meersalz

frisch gemahlener schwarzer Pfeffer

- Die **Grünkohlblätter** waschen, trocken schleudern und in dünne Streifen schneiden. In eine Schüssel geben, leicht **salzen** und das **Olivenöl** darüberträufeln. Dann mit den Händen 2–3 Minuten durchkneten.
- Den **Romanasalat** als Ganzes waschen und gut trocken schütteln. Dann längs halbieren und in feine Streifen schneiden. Die Salatstreifen in die Schüssel mit dem Grünkohl geben, aber nicht vermengen.
- Für das Dressing alle **Zutaten** in eine Schüssel geben, vermischen und gut abschmecken.
- Das Dressing über den Salat träufeln, **Brotwürfel** und **Walnüsse** zugeben und alles vermengen. Den Caesar Salad auf zwei Teller oder in Schalen geben, den **Parmesan** darauf anrichten und servieren.

i

GRÜNKOHL

Eiweißreiche Vitalstoffbombe mit den Vitaminen C, E und K, Folsäure, Vitamin-B-Komplex (außer B_{12}), Provitamin A, Eisen, Jod, Kalzium, Kalium, Magnesium und Ballaststoffen. Stärkt Immunsystem, Krebsabwehr und Darmfunktion. Schützt vor Osteoporose, stabilisiert Cholesterinspiegel und Bluthochdruck.

Pro Person kcal 310 E 7 g F 21 g KH 34 g VEGAN LAKTOSEFREI

BROTSALAT MIT TOMATEN UND BASILIKUM

Zubereitung 15 Minuten

FÜR 2 PERSONEN

3 Knoblauchzehen, geschält

40 g Olivenöl

Meersalz

frisch gemahlener schwarzer Pfeffer

⅓ Dinkelbaguette* (am besten vom Vortag), in Stücke gezupft oder geschnitten

600 g Tomaten (z. B. Tasty-Tom-Tomaten)

2 EL Olivenöl

3–4 Stängel Basilikum, Blätter abgezupft

- Den **Knoblauch** mit der Knoblauchpresse in eine große Schüssel drücken. **Olivenöl,** etwas **Salz** und **Pfeffer** dazugeben und vermengen. Die **Brotstücke** hinzufügen, alles gut durchrühren, sodass das Brot rundum von der Knoblauchmischung überzogen ist.
- Eine Pfanne auf mittlerer bis hoher Stufe ohne Fettzugabe erhitzen und die marinierten Brotstücke darin 4–5 Minuten unter gelegentlichem Wenden rösten. Zurück in die Schüssel geben.
- Inzwischen Wasser in einem Topf zum Kochen bringen und eine Schüssel mit Eiswasser bereitstellen. Die **Tomaten** in das kochende Wasser geben (vorher nicht einschneiden!) und ganz langsam 21 ... 22 ... 23 zählen. Dann die Tomaten abgießen und im eiskalten Wasser abschrecken. Herausheben und die Haut abziehen.
- Die Tomaten vierteln und die Stielansätze herausschneiden. Die Tomatenviertel zum gerösteten Brot in die Schüssel geben, das **Olivenöl** darüberträufeln, die **Basilikumblätter** zugeben und vermengen.
- Den Brotsalat in zwei Schalen füllen und direkt servieren.

i

BASILIKUM

Vitamin A als Antioxidans und Zellschutz vor gefährlicher Oxidation beugt Arterienverkalkung, Herzkrankheiten und Schlaganfall vor. Reich an ätherischen Ölen, den Vitaminen C und K, Eisen, Kalzium, Magnesium, Mangan und Flavonoiden. Herausragend antibakteriell, antientzündlich und verdauungsfördernd.

* Für Menschen mit Laktoseintoleranz: Bei Fertigprodukten darauf achten, dass sie auch wirklich frei von Laktose sind.

VEGETARISCH Pro Person kcal 553 E 18 g F 34 g KH 40 g

GEBRATENE AVOCADO AUF COUSCOUS

Zubereitung 20 Minuten

FÜR 2 PERSONEN

2 EL Olivenöl

Meersalz

frisch gemahlener schwarzer Pfeffer

90 g Couscous

30 g Cashewkerne

½ EL süßsaure Sauce

Saft von ½ Zitrone

30–40 g gemischte Salatblätter (z. B. Radicchio und Babyspinat)

1–2 EL milder weißer Balsamico-Essig

½ EL Pflanzenöl

1 Avocado

75 g Mini-Mozzarella-kugeln

1 EL grünes Pesto (Fertigprodukt)

- 180 g Wasser in einen Topf füllen, 1 EL **Olivenöl, Salz** und **Pfeffer** zugeben und zum Kochen bringen.
- **Couscous** in eine hitzebeständige Schüssel geben, das kochende Wasser darübergießen und alles vermengen. Gut abdecken und 10 Minuten quellen lassen. Dann den Couscous mit einer Gabel durchrühren und auflockern.
- Inzwischen die **Cashewkerne** in einer Pfanne auf mittlerer Stufe ohne Fettzugabe unter Rühren anrösten. Etwas abkühlen lassen, dann die Cashewkerne hacken und in eine Schale geben. **Süßsaure Sauce** und **Zitronensaft** zufügen und gut vermengen.
- **Salat** waschen und trocken schleudern. In eine Schüssel geben und, falls nötig, die Blätter klein schneiden. Den **Essig** darüberträufeln, mit **Salz** würzen und vermengen.
- Den Couscous auf zwei Teller verteilen.
- Eine Pfanne auf mittlerer Stufe erhitzen. Das **Pflanzenöl** zugießen und heiß werden lassen. Währenddessen die **Avocado** halbieren, den Kern herausnehmen und die Haut vom Fruchtfleisch abziehen. Die beiden Avocadohälften mit den Schnittflächen nach unten im heißen Öl 2–3 Minuten braten.
- Je eine gebratene Avocadohälfte auf den Couscous setzen und den Salat daneben anrichten. Dann die kleinen **Mozzarellakugeln** darauf verteilen. Zum Schluss das **Pesto** mit dem restlichen **Olivenöl** verrühren und das Gericht dekorativ damit beträufeln.

RADICCHIO

Kalorienarmes Naturheilmittel, reich am Bitterstoff Intybin, fördert Verdauung und Produktion von Gallensaft (Cholerese). Der hohe Vitamin-C-Gehalt von 28 mg/100 g dient der Abwehrkraft. Bitterstoffquellen wirken präbiotisch als Futter für Darmbakterien zum Aufbau einer gesunden Darmflora.

TIPP Empfehlenswert ist die Avocado-Sorte »Hass« (rund, eierförmig, mit schwarzer Schale) wegen des vollmundig-nussigen Geschmacks. Während der Reifung wechselt sie ihre Farbe von Grün zu Schwarz. Die Avocado ist zum Verzehr geeignet, wenn sie auf Druck leicht nachgibt.

Pro Person kcal 640 E 35 g F 44 g KH 18 g VEGETARISCH GLUTENFREI

ZIEGENKÄSE MIT KÜRBISKERNEN AUF ROSENKOHL-ORANGEN-SALAT

Zubereitung 15 Minuten

FÜR 2 PERSONEN

2 Orangen

250 g Rosenkohl, geviertelt

15 g Olivenöl

Meersalz

60 g Kürbiskerne

2 Scheiben Ziegenkäserolle mit Rinde (à 100 g)

2 EL Pflanzenöl

Oreganozweige zum Garnieren (nach Belieben)

- **Orangen** dick abschälen, sodass die weiße Schale vollständig mit entfernt wird. Dann mit einem scharfen Messer die Spalten aus den Häuten schneiden, dabei über einer Schüssel arbeiten, um den Saft aufzufangen. Die Orangenfilets mit dem Saft beiseitestellen.
- Den **Rosenkohl** mit 50 g Wasser in einen Topf geben. **Olivenöl** und etwas **Salz** zufügen, abdecken und 4 Minuten bei mittlerer Temperatur garen. In eine Schüssel geben und abkühlen lassen.
- Währenddessen die **Kürbiskerne** auf einen Teller streuen. **Ziegenkäsescheiben** von beiden Seiten hineindrücken und die Kürbiskerne gut andrücken.
- Eine Pfanne auf mittlerer Stufe erhitzen. Das **Pflanzenöl** zugießen und heiß werden lassen. Den Ziegenkäse darin von beiden Seiten je 2 Minuten anbraten. Zum Schluss die auf dem Teller verbliebenen restlichen Kürbiskerne mit in die Pfanne geben.
- Die Orangenfilets samt ausgetretenem Orangensaft zum Rosenkohl geben, vermengen und mit **Salz** abschmecken.
- Den Rosenkohl-Orangen-Salat auf zwei Teller verteilen. Ziegenkäse darauf anrichten, nach Belieben mit **Oregano** garnieren und mit den gerösteten Kürbiskernen bestreuen.

i

ROSENKOHL

Bitterstoffreicher Lieferant der Vitamine B_1, B_2, B_6, C, E, K und Folsäure sowie der Mineralien Eisen, Kalium, Kalzium, Magnesium, Natrium und Phosphor. Stärkt Immunsystem und Krebsabwehr, fördert Zellwachstum, Konzentration und Blutbildung. Vitamin-C-Gehalt doppelt so hoch wie der einer Orange.

KÜRBISKERNE

Toplieferant für ungesättigte Fettsäuren, antioxidatives Vitamin E, Betacarotin, Magnesium, Eisen, Zink und Selen. Phytosterine als bioaktive Inhaltsstoffe können Prostata- und Blasenleiden vorbeugen und sie lindern. Die wertvolle Aminosäure L-Tryptophan fördert Schlaf und Serotoninbildung (Glückshormon).

LAKTOSEFREI GLUTENFREI | Pro Person kcal 472 E 40 g F 24 g KH 17 g

SALADE NIÇOISE

Zubereitung 35 Minuten

FÜR 2 PERSONEN

200 g Topinambur (etwa 3 Knollen)

Meersalz

3 Eier (Größe L)

80 g grüne Bohnen

1 große Tomate (150 g)

2 Handvoll Wildkräutersalat

200 g Thunfisch im eigenen Saft aus der Dose, abgetropft und zerpflückt

50 g rote Zwiebel, in dünne Streifen geschnitten

10 entsteinte grüne und schwarze Oliven, halbiert

Für die Vinaigrette

3 EL milder weißer Balsamico-Essig

1 EL Ahornsirup

Meersalz

frisch gemahlener schwarzer Pfeffer

3 EL Olivenöl

- Den **Topinambur** waschen, in einen Topf geben, mit Wasser bedecken und zum Kochen bringen. Leicht **salzen** und 20–22 Minuten garen. Abgießen, etwas abkühlen lassen, dann schälen und in je vier bis sechs Stücke schneiden.
- Währenddessen Wasser in einem Topf aufkochen. **Eier** darin 8 Minuten kochen, abgießen, abschrecken und schälen.
- Inzwischen **Salzwasser** in einem Topf zum Kochen bringen. **Bohnen** putzen und 3–4 Minuten darin köcheln lassen. In ein Sieb abgießen, abspülen und abtropfen lassen. Dann die Bohnenhälften der Länge nach auseinanderziehen.
- Wasser in einem Topf zum Kochen bringen und eine Schüssel mit Eiswasser bereithalten. Die **Tomate** im kochenden Wasser 10–12 Sekunden blanchieren (nicht einschneiden!), dann ins eiskalte Wasser geben und die Haut abziehen. Die Tomate vierteln und den Stielansatz herausschneiden.
- Den **Salat** waschen, trocken schleudern und in eine Schüssel geben.
- Für die Vinaigrette den **Essig** mit **Ahornsirup, Salz** und **Pfeffer** in einer Schale verrühren. Dann erst das **Olivenöl** einrühren.
- Topinambur und Bohnen in eine Schüssel geben, die Hälfte der Vinaigrette darüberträufeln und vermengen. Die restliche Vinaigrette über die Salatblätter gießen und vermengen.
- Topinambur-Bohnen-Mischung, Tomaten und Salat auf zwei Teller verteilen. **Thunfisch, Zwiebeln** und **Oliven** darauf anrichten. Dann die Eier längs halbieren, daraufsetzen und den Salade niçoise servieren.

i

TOPINAMBUR

Kalorienarme Knolle, botanisch mit Sonnenblumen, geschmacklich mit Kartoffeln verwandt. Das wertvolle Inulin (16 %) hat kaum Blutzuckerwirkung, stärkt die Darmflora als Abwehrsystem und die Verdauung. Punktet mit Provitamin A, Kalium, Kalzium, Phosphor, Eisen, B-Vitaminen sowie den Vitaminen C und D.

Pro Person kcal 453 E 25 g F 17 g KH 49 g — VEGAN LAKTOSEFREI GLUTENFREI

ITALIENISCHER NUDELSALAT

Zubereitung 10 Minuten

FÜR 2 PERSONEN

Meersalz

150 g Rote-Linsen-Nudeln (alternativ andere glutenfreie Nudeln)

50 g getrocknete Tomaten, in kleine Stücke geschnitten

120 g rote Zwiebeln, in dünne Ringe geschnitten oder gehobelt

2 Knoblauchzehen, fein gehackt oder zerdrückt

20 entsteinte schwarze und grüne Oliven

2 EL Weißweinessig

frisch gemahlener schwarzer Pfeffer

3–4 EL Olivenöl

frisch gehackte Kräuter, (z. B. Petersilie oder Basilikum) zum Garnieren (nach Belieben)

- Leicht **gesalzenes** Wasser in einem Topf zum Kochen bringen. **Nudeln** und **Tomaten** zugeben und 1 Minute kürzer kochen, als auf der Nudelpackung angegeben ist. In ein Sieb abgießen, dabei das Kochwasser auffangen.
- Die Nudelmischung in eine Schüssel geben. **Zwiebeln, Knoblauch** und **Oliven** zugeben und vermengen. 50 g Nudelkochwasser mit dem **Essig** zugeben und verrühren. Mit **Salz** und **Pfeffer** abschmecken, dann das **Olivenöl** darüberträufeln und vermengen.
- Den Nudelsalat in zwei Schalen geben, nach Belieben mit **Kräutern** garnieren und servieren.

TIPP Im Supermarkt gibt es trocken und pikant eingelegte Oliven, die ich am liebsten für diesen Salat verwende. Rote-Linsen-Nudeln gibt es ebenfalls im gut sortierten Supermarkt zu kaufen.

i

OLIVEN

Gesundes Fett (75 % Ölsäure) verbessert den Cholesterinspiegel. Reich an Kupfer (Blutbildung, Knochenstoffwechsel, Nervensystem), Eisen, Kalzium, Vitamin B_2 und Folsäure sowie den Antioxidantien Betacarotin, Lutein, Zeaxanthin (Sehkraft). Phenole wie Oleuropein wirken antibakteriell, immunstärkend und blutzuckersenkend.

ROTE ZWIEBELN

Antioxidantienreichste Zwiebelform: Flavonoide wie Quercetin (hitzebeständig) und Anthocyane verhindern freie Radikalbildung, Oxidation von Fettzellen und chronische Entzündungen. Wertvolle Schwefelverbindungen wirken antibakteriell, fördern die Fettverbrennung und die Entgiftung.

VEGETARISCH

VEGETARISCH GLUTENFREI — Pro Person kcal 563 E 13 g F 23 g KH 70 g

OFEN-BETEN MIT KLEINEN KARTOFFELN

Zubereitung 10 Minuten | Garzeit 100–105 Minuten

FÜR 2 PERSONEN

Für die Beten

800 g verschiedenfarbige Beten (alternativ Rote Beten), geschält

6 EL Apfelessig

6 EL Sonnenblumenöl

Meersalz

frisch gemahlener schwarzer Pfeffer

Für die Kartoffeln

Meersalz

400 g Drillinge, geschält

20 g Butter

2 Stängel Petersilie, gehackt

Für die Vinaigrette

80 g Schalotten, fein gewürfelt

2 ½ EL Apfelessig

½ EL Honig

2–3 EL Nussöl (z. B. Haselnuss- oder Walnussöl; alternativ Sonnenblumenöl)

- Den Backofen auf 200 °C Umluft vorheizen.
- Für die Ofen-Beten die **Beten** in einen gusseisernen Topf (siehe auch Tipp) geben, 75 g Wasser, **Essig** und **Sonnenblumenöl** zugießen und mit **Salz** und **Pfeffer** würzen. Den Deckel aufsetzen und zunächst auf dem Herd 2–3 Minuten erhitzen. Dann den Topf in den vorgeheizten Ofen stellen und 80–95 Minuten garen (die Garzeit richtet sich nach der Größe der Beten). Den Backofen ausschalten und die Beten weitere 10 Minuten im Ofen nachgaren lassen.
- Etwa 20 Minuten vor Ende der Betengarzeit für die Kartoffeln leicht **gesalzenes** Wasser in einem Topf zum Kochen bringen. Die **Drillinge** darin 16–18 Minuten gar kochen. Abgießen, die **Butter** zugeben und durchschwenken. Dann die **Petersilie** zufügen.
- Inzwischen für die Vinaigrette **Schalotten, Essig** und **Honig** in einer Schale vermischen. Dann das **Nussöl** gut einrühren.
- Die Beten mit den Kartoffeln auf Tellern anrichten, mit der Vinaigrette beträufeln und servieren.

TIPP Wenn man keinen gusseisernen Topf hat, kann man auch einen hitzebeständigen anderen Topf nehmen, aber dann sollte man zwischendurch die Flüssigkeitsmenge im Topf überprüfen und eventuell noch etwas Wasser nachgießen.

ROTE BETE

Liefert Betacarotin, die Vitamine A, B und C, Folsäure und Eisen, Schwefel, sekundäre Pflanzenstoffe aus Bioflavonen, Rutin, Betain und Cholin. Wirkt entschlackend, blutdrucksenkend, verdauungsfördernd und entwässernd. Hoher Nitratgehalt. Der Oxalsäuregehalt ist bei Neigung zu Nieren- und Gallensteinen kritisch.

Pro Person kcal 734 E 20 g F 24 g KH 103 g LAKTOSEFREI GLUTENFREI

GEMÜSECURRY MIT GEMISCHTEM WILDREIS

Zubereitung 20 Minuten

FÜR 3 PERSONEN

250 g Reismischung mit Wildreis

1 EL Kokosöl

100 g Zwiebeln, halbiert und in Scheiben geschnitten

3 Knoblauchzehen, grüner Keimling entfernt und Zehen grob gehackt

20 g Ingwerwurzel, geschält und in Würfel geschnitten

1 Petersilienwurzel, geschält, halbiert und in Scheiben geschnitten

100 g Fenchelknolle, in Scheiben geschnitten

je ½ rote, gelbe und grüne Paprikaschote, entkernt und in Stücke geschnitten

Meersalz

frisch gemahlener schwarzer Pfeffer

130 g Zucchini, halbiert und in Stücke geschnitten

1 EL Currypulver

1 Msp. Chiliflocken

1 EL Honig

400 g cremige Kokosmilch

70 g Kaiserschoten, der Länge nach halbiert

- Den **Reis** nach Packungsangaben garen.
- Währenddessen einen Wok auf hoher Stufe erhitzen. Das **Kokosöl** zugeben und heiß werden lassen. **Zwiebeln, Knoblauch** und **Ingwer** hineingeben und 2 Minuten unter Rühren anbraten. Dann **Petersilienwurzel, Fenchel** und **Paprika** einrühren und mit **Salz** und **Pfeffer** würzen. Den Deckel aufsetzen und 3 Minuten garen, dabei zwischendurch durchrühren.
- Die **Zucchini** zugeben und 1 Minute mit anschwitzen. Dann **Currypulver, Chiliflocken** und **Honig** zufügen, mit **Kokosmilch** auffüllen und aufkochen. Abdecken und weitere 4–5 Minuten garen. Zum Schluss die **Kaiserschoten** zugeben und 1 Minute mitköcheln lassen. Mit **Salz** und **Pfeffer** abschmecken.
- Das Gemüsecurry mit dem fertig gegarten Reis auf drei Tellern anrichten und servieren.

i

KOKOSMILCH

Ihr Geheimnis sind mittelkettige Fettsäuren (MCT), zum Beispiel Laurinsäure. Sie bieten schnelle Energie für Körper und Gehirn, aktivieren den Stoffwechsel und heben das herzschützende HDL-Cholesterin. Laurinsäure wirkt antimikrobiell (Bakterien, Viren, Pilze). Besonders empfohlen für Sportler, Schwangere und Stillende.

VEGAN LAKTOSEFREI GLUTENFREI — Pro Person kcal 492 E 14 g F 32 g KH 31 g

GEFÜLLTE KOHLRABISCHEIBEN AUF ROTEN ZWIEBELN

Zubereitung 25 Minuten

FÜR 2 PERSONEN

2 Kohlrabi (à ca. 250 g), geschält

Meersalz

20 g Walnusskerne

20 g Haselnusskerne

20 g Mandeln

10 g Sonnenblumenkerne

60 g Soft-Aprikosen, gewürfelt

frisch gemahlener schwarzer Pfeffer

10 g Olivenöl

100 g rote Zwiebeln, in dünne Scheiben geschnitten oder gehobelt

¼ Bund Schnittlauch, in feine Röllchen geschnitten

Für die Vinaigrette

3 EL milder weißer Balsamico-Essig

3 EL Haselnuss- oder Olivenöl

1 EL Ahornsirup

Meersalz

frisch gemahlener schwarzer Pfeffer

Außerdem

Ausstecher (∅ 6,5–7 cm)

- Die **Kohlrabi** auf einem Gemüsehobel in dünne Scheiben schneiden und mit dem Ausstechring alle Scheiben auf die gleiche Größe bringen (Reste anderweitig verwenden). Etwas **Salz** auf ein Backblech streuen und die Kohlrabischeiben darauf verteilen. Die Oberflächen auch leicht **salzen** und 15 Minuten ziehen lassen.
- Inzwischen eine Pfanne auf mittlerer Stufe ohne Fettzugabe erhitzen. **Walnüsse, Haselnüsse, Mandeln** und **Sonnenblumenkerne** darin anrösten. Vom Herd nehmen und abkühlen lassen.
- Die Nussmischung im elektrischen Zerhacker im Puls-Modus 10–15 Sekunden mixen. Die **Aprikosen** zugeben und erneut 6–8 Sekunden mixen. Die Nussmasse in eine Schüssel geben, mit **Salz** und **Pfeffer** leicht würzen, das **Olivenöl** darüberträufeln und alles miteinander vermengen.
- Zum Servieren zwei Teller mit den **Zwiebelscheiben** auslegen und ganz leicht **salzen.** Die Kohlrabischeiben zwischen Küchenpapier legen, leicht ausdrücken und auf die Arbeitsfläche geben. Die Nussmasse auf der Hälfte der Scheiben mittig verteilen, mit den restlichen Kohlrabischeiben abdecken und gut andrücken. Die gefüllten Kohlrabischeiben auf die Zwiebelscheiben setzen.
- Für die Vinaigrette **Essig, Haselnussöl** und **Ahornsirup** vermengen und mit **Salz** und **Pfeffer** würzen.
- Die Vinaigrette über die gefüllten Kohlrabischeiben träufeln und mit dem **Schnittlauch** bestreut servieren.

i

APRIKOSEN

Kleine Kraftpakete mit Vitalstoffen wie B-Vitaminen, Vitamin C, Kalzium, Kalium, Eisen, Magnesium und Phosphor, Betacarotin und dem sekundären Pflanzenstoff Lycopin. Wirken entwässernd, stoffwechsel-, herz- und zellschützend. Die Nährstoffkombination ist für Haut, Schleimhäute und Sehkraft besonders gut.

Pro Person kcal 568 E 28 g F 36 g KH 34 g

BUCHWEIZEN-GNOCCHI IN BASILIKUMBUTTER

Zubereitung 15 Minuten | Ruhezeit 60 Minuten

FÜR 2 PERSONEN

Für die Gnocchi

250 g Ricotta

80 g Buchweizenvollkornmehl

30 g Parmesan, frisch gerieben

1 Ei (Größe M)

Meersalz

frisch gemahlener schwarzer Pfeffer

Weizenmehl (Type 405) zum Bestäuben

Für die Basilikumbutter

80 g Butter

Meersalz

20–30 Basilikumblätter

TIPP Die Gnocchi sind recht weich. Um sie ins köchelnde Wasser zu geben, hilft Backpapier. Das einfach anheben und die Gnocchi ins Wasser gleiten lassen.

- Für die Gnocchi **Ricotta, Buchweizenmehl, Parmesan** und **Ei** in eine Schüssel geben, mit **Salz** und **Pfeffer** würzen und so lange rühren, bis sich alle Zutaten gut verbunden haben. 60 Minuten bei Zimmertemperatur ruhen lassen, zwischendurch umrühren. Die Masse bleibt sehr cremig, das soll auch so sein.
- Ein Backblech mit Backpapier auslegen und mit **Mehl** bestäuben. Die Gnocchimasse auf eine **mehlierte** Arbeitsfläche geben, zu einer Rolle formen, quer halbieren und aus den Hälften mit **mehlierten** Händen dünne Stränge rollen. Mit einem Messer von der Gnocchimasse gleichmäßig große Stücke abschneiden und auf das vorbereitete Backblech legen.
- Leicht **gesalzenes** Wasser in einem Topf zum Kochen bringen. Die Temperatur auf geringe Stufe reduzieren und die Gnocchi im köchelnden Wasser 2–3 Minuten gar ziehen lassen.
- Inzwischen für die Basilikumbutter die **Butter** in einer Pfanne bei mittlerer Temperatur zerlassen und leicht mit **Salz** würzen.
- Vom **Basilikum** drei bis vier Blätter zum Garnieren beiseitelegen. Die fertig gegarten Gnocchi mit einem Schaumlöffel aus dem Wasser heben und mit dem restlichen Basilikum in die Pfanne geben. 1–2 Minuten in der Butter erhitzen und vorsichtig umrühren.
- Die Buchweizen-Gnocchi auf zwei Tellern anrichten, restliche Buttermischung aus der Pfanne darüberträufeln, mit den beiseitegelegten Basilikumblättern garnieren und sofort servieren.

BUCHWEIZEN

Kein Getreide, obwohl danach schmeckend, besticht das glutenfreie Knöterichgewächs mit Eiweiß aus acht essenziellen Aminosäuren, Lecithin für Gedächtnis und Hirnleistung und Ballaststoffen zur Blutzuckerregulation. Reich an Vitaminen der B-Gruppe, Magnesium, Mangan, Coenzym Q 10 (Schlüsselenzym) und Selen.

VEGAN LAKTOSEFREI | Pro Person kcal 566 E 20 g F 23 g KH 65 g

SPAGHETTI MIT GRÜNKOHL UND PINIENKERNEN IN KNOBLAUCH-OLIVENÖL

Zubereitung 15 Minuten

FÜR 2 PERSONEN

40 g Pinienkerne

6–8 große Knoblauchzehen, grüner Keimling entfernt und Zehen geviertelt

40 g Olivenöl

Meersalz

180 g Vollkornspaghetti

120 g Grünkohl, Blätter von den Stielen abgezupft und grob geschnitten

- Eine Pfanne auf mittlerer Stufe ohne Fettzugabe erhitzen. **Pinienkerne** und **Knoblauch** zugeben und leicht anrösten. Die Pfanne vom Herd nehmen und die Pinienkernmischung 3–5 Minuten abkühlen lassen.
- **Olivenöl** und eine große Prise **Salz** in die Pfanne geben, verrühren, wieder auf den Herd setzen und auf niedriger Stufe 2–3 Minuten garen.
- Inzwischen leicht **gesalzenes** Wasser in einem großen Topf zum Kochen bringen. Die **Nudeln** darin nach Packungsangaben gar kochen. 2 Minuten vor dem Ende der Garzeit den **Grünkohl** mit in das Nudelwasser geben.
- Die Nudeln mit dem Grünkohl in ein Sieb abgießen und abtropfen lassen. Wieder in den Topf geben, Pinienkernmischung zugeben und vermengen. Das Spaghettigericht auf zwei Teller verteilen und servieren.

i

OLIVENÖL

Das hochwertige Olivenöl besticht nicht nur geschmacklich. Besonders der hohe Gehalt an Ölsäure (etwa 76 %) bedingt die längere Haltbarkeit. Olivenöl bietet ein Füllhorn an sekundären Pflanzenstoffen, vor allem die wertvollen Polyphenole wirken positiv auf das Herz-Kreislauf-System.

PINIENKERNE

Die fein-aromatischen Pinienkerne liefern Selen als besonderen Zellschutz zur Abwehr von Infektionen und Herz-Kreislauf-Erkrankungen sowie als Anti-Aging-Helfer. Hoher Vitamin-A-Gehalt verstärkt den zellschützenden Effekt. Bereits 100 g decken den Tagesbedarf an Phosphor (wichtig für Zellerneuerung und Knochenstabilität).

Pro Person kcal 537 E 25 g F 40 g KH 15 g LAKTOSEFREI GLUTENFREI

GRÜNER SPARGEL MIT EI UND KRÄUTER-MOJO

Zubereitung 15 Minuten

FÜR 2 PERSONEN

1 EL Essig

4 Eier (Größe L)

2 Bund grüner Spargel, Enden abgeschnitten und untere Hälften geschält

1 EL Olivenöl

Meersalz

frisch gemahlener schwarzer Pfeffer

1 TL grob gehackte Petersilie

Basilikumblätter zum Garnieren

Für die Kräuter-Mojo

70 g weißer Balsamico-Essig mit Restsüße

10 g Honig

50 g gemischte frische Kräuter (z. B. Basilikum, Petersilie und Kerbel), fein gehackt

130 g Sonnenblumenöl

Meersalz

frisch gemahlener schwarzer Pfeffer

- Wasser in einem Topf zum Kochen bringen, den **Essig** zugeben und die **Eier** darin 6 Minuten kochen. Abgießen, unter fließendem kaltem Wasser abschrecken und 2 Minuten in kaltem Wasser abkühlen lassen. Dann die Eier schälen und halbieren.
- Den **Spargel** mit 120 g Wasser, **Olivenöl** und etwas **Salz** und **Pfeffer** in eine große Pfanne oder einen flachen breiten Topf geben. Den Deckel aufsetzen, aufkochen und 4–5 Minuten köcheln lassen.
- Inzwischen für die Mojo **Balsamico-Essig, Honig, Kräuter** und **Sonnenblumenöl** in einen hohen Mixbecher geben, mit **Salz** und **Pfeffer** würzen und mit dem Stabmixer gut durchmixen, dabei am Becherboden ansetzen und langsam nach oben mixen.
- Den Spargel abgießen und auf Küchenpapier etwas abtropfen lassen. Auf zwei vorgewärmten Tellern mit den Eiern anrichten und die Hälfte der Kräuter-Mojo darüberträufeln. Die restliche Mojo zur späteren Verwendung im Kühlschrank aufbewahren. Mit gehackter **Petersilie** und **Basilikum** garnieren und sofort servieren.

i

GRÜNER SPARGEL

Vitalstoffreicher als weißer Spargel: Vitamine A, B, C, E und K, Eisen, Kalium, Kalzium, Magnesium, Phosphor, Kupfer, Ballaststoffe und sekundäre Pflanzenstoffe wie Saponine, Flavone und Fruktane stärken unter anderem Immunsystem, Verdauung, Bindegewebe und Stoffwechsel. Die Aminosäure Asparagin wirkt entwässernd.

VEGETARISCH — Pro Person kcal 771 E 14 g F 45 g KH 76 g

TOMATENTARTE MIT ROSMARINSTREUSELN

Zubereitung 18 Minuten | Backzeit 25 Minuten | Abkühlzeit 10 Minuten

FÜR 4 PERSONEN

Für den Teig

420 g Dinkelmehl (Type 630)

210 g kalte Butter, gewürfelt

4 Zweige Rosmarin, Nadeln fein gehackt

2 große frische rote Chilischoten, entkernt und fein gewürfelt

2–3 Knoblauchzehen, zerdrückt

2 TL Meersalz

frisch gemahlener schwarzer Pfeffer

Für den Belag

13–15 Tasty-Tom-Tomaten, halbiert

Meersalz

frisch gemahlener schwarzer Pfeffer

1–2 EL flüssiger Honig

Rosmarinnadeln zum Garnieren (nach Belieben)

- Den Backofen auf 220 °C Umluft vorheizen. Ein rundes Pizzablech (∅ 30–35 cm) mit Backpapier auslegen.
- Für den Teig **Mehl, Butter, Rosmarin, Chilis, Knoblauch, Salz** und **Pfeffer** in die Rührschüssel der Küchenmaschine geben und mit dem Flachrührer zu einem krümeligen Teig verarbeiten. Alternativ die Zutaten von Hand verreiben. Zwei Drittel des Teigs in die vorbereitete Backform geben und mit einem großen Löffel glatt streichen oder mit einem kleinen Teigroller glatt rollen.
- Für den Belag die **Tomaten** mit den Schnittflächen nach oben auf den Teigboden setzen, leicht mit **Salz** und **Pfeffer** würzen und gleichmäßig mit dem **Honig** beträufeln. Die restlichen Teigstreusel darübergeben und leicht andrücken. Im vorgeheizten Ofen 25 Minuten backen.
- Herausnehmen und 15 Minuten abkühlen lassen. Dann die Tarte nach Belieben mit **Rosmarin** garnieren und warm servieren.

i

DINKEL

Vitalstoff- und eiweißreiches Getreide mit den Vitaminen B_2, B_3, B_6, A, C und E, den Mineralstoffen Kalium, Kalzium, Phosphor, viel Magnesium und sogar Eisen sowie Spurenelementen wie Kupfer, Mangan, Zink und Silizium (Kieselsäure). Die Aminosäure L-Tryptophan fördert die für Schlaf und Wohlbefinden nötige Serotoninbildung.

Pro Person kcal 534 E 16 g F 10 g KH 99 g — VEGAN LAKTOSEFREI

OFENGEMÜSE MIT PERLGRAUPEN

Zubereitung 55–60 Minuten

FÜR 2 PERSONEN

Für das Gemüse

600 g Hokkaido-Kürbis, entkernt und in walnussgroße Stücke geschnitten

150 g Fenchelknolle, in Scheiben geschnitten

150 g Zwiebeln, in Spalten geschnitten

2 Knoblauchzehen, mit einer Messerklinge zerdrückt

2–3 Zweige Rosmarin, grob zerpflückt

30 g Olivenöl

Meersalz

frisch gemahlener schwarzer Pfeffer

Für die Graupen

1 EL Pflanzenöl

70 g Zwiebel, halbiert und in Scheiben geschnitten

150 g grobe Perlgraupen

350 g Gemüsebrühe

Meersalz

frisch gemahlener schwarzer Pfeffer

3–4 Stängel glatte Petersilie

- Den Backofen auf 180 °C Umluft vorheizen.
- Für das Ofengemüse die **Kürbisstücke** in eine große Auflaufform geben. **Fenchel, Zwiebeln, Knoblauch, Rosmarin, Olivenöl** und 40 g Wasser hinzufügen und mit **Salz** und **Pfeffer** würzen. Alles gut vermengen und im vorgeheizten Ofen 45–50 Minuten garen.
- Inzwischen für die Graupen das **Pflanzenöl** in einem Topf auf mittlerer Stufe erhitzen und die **Zwiebeln** darin 1–2 Minuten anschwitzen. Die **Perlgraupen** zugeben, gut vermengen und die **Brühe** angießen. Leicht mit **Salz** und **Pfeffer** würzen, den Deckel aufsetzen und 25 Minuten kochen, dabei zwischendurch umrühren. Vom Herd nehmen und abgedeckt 5 Minuten ziehen lassen.
- Die **Petersilie** waschen, trocken schütteln, hacken und unter die Perlgraupen rühren.
- Das Ofengemüse auf zwei Teller verteilen, die Perlgraupen daneben anrichten und servieren.

i

FENCHEL

Vitalstoffreich (Kalium, Kalzium, Eisen) und kalorienarm (19 kcal/100 g) bietet der anisartige Geschmacksexot die Vitamine B und E sowie mehr Vitamin C als Orangen. Ätherische Öle und Bitterstoffe, die verdauungsfördernd, entzündungshemmend und magenschonend wirken, machen ihn herausragend wertvoll.

VEGETARISCH Pro Person kcal 745 E 18 g F 40 g KH 72 g

SÜSSKARTOFFELPUFFER MIT KNOBLAUCHSCHMAND

Zubereitung 20 Minuten

FÜR 2 PERSONEN

(ergibt 10 Puffer)

2 kleine Salatgurken, in dünne Scheiben gehobelt

50 g Schalotten, fein gewürfelt

1 ½ EL Weißweinessig

Meersalz

frisch gemahlener schwarzer Pfeffer

1 EL Sonnenblumenöl

270 g Süßkartoffeln, geschält und in Stücke geschnitten

70 g Zwiebel, in 8 Spalten geschnitten

2 Eier (Größe M)

50 g Dinkelmehl (Type 630)

20 g Speisestärke

5–6 EL Erdnussöl

Für die Sauce

200 g Schmand

½ Knoblauchzehe, fein gehackt

50 g rote Zwiebel, in feine Würfel geschnitten

6–8 Schnittlauchhalme

Meersalz

frisch gemahlener schwarzer Pfeffer

- Zunächst für die Sauce **Schmand, Knoblauch** und **Zwiebeln** in eine Schüssel geben und vermengen. Den **Schnittlauch** waschen und trocken schütteln. Zwei Drittel des Schnittlauchs in feine Röllchen schneiden und in die Schüssel geben. Mit **Salz** und **Pfeffer** würzen, den Knoblauchschmand in zwei Schälchen füllen und kalt stellen. Den restlichen Schnittlauch in 5–6 cm lange Stücke schneiden und beiseitelegen.
- Die **Gurkenscheiben** mit **Schalotten, Essig, Salz** und **Pfeffer** in eine Schüssel geben und vermengen. Dann das **Sonnenblumenöl** unterrühren und 5–10 Minuten ziehen lassen.
- **Süßkartoffeln, Zwiebeln, Eier, Mehl, Stärke, Salz** und **Pfeffer** im elektrischen Zerhacker im Puls-Modus zu einer breiigen Masse mixen.
- Eine große Pfanne auf mittlerer Stufe erhitzen. Das **Erdnussöl** darin heiß werden lassen. Die Süßkartoffelmasse in zehn Portionen hineingeben und die Puffer von beiden Seiten je 4–5 Minuten knusprig braun braten.
- Zum Servieren die Puffer auf zwei Teller geben, den Gurkensalat daneben anrichten und mit den beiseitegelegten Schnittlauchstücken garnieren. Dazu den Knoblauchschmand reichen.

i

PFEFFER

Gesunder Scharfmacher mit Inhaltsstoff Piperin, kurbelt die körpereigene Endorphinproduktion (Glückshormone) und die Sekretion der Verdauungssäfte an, so werden Speisen bekömmlicher, Verdauungsbeschwerden und Blähungen gemildert. Wirkt zudem entzündungshemmend und fiebersenkend.

TIPP Man kann noch 10–15 Basilikumblätter zum Spinat geben und mitgaren, dann wird er geschmacklich noch interessanter.

Pro Person kcal 455 E 21 g F 21 g KH 38 g GLUTENFREI

LINSENFRIKADELLEN AUF SPINAT MIT JOGHURTDIP

Zubereitung 30 Minuten

FÜR 2–3 PERSONEN (ergibt 4–6 Frikadellen)

Für die Frikadellen

150 g rote Linsen

400 g Gemüsebrühe

80 g Haferflocken

4 EL Olivenöl

60 g Schalotten, in feine Würfel geschnitten

1 Prise Meersalz

1 Msp. Chiliflocken

½ TL gemahlene Kurkuma

½ TL getrockneter Rosmarin

2–3 EL Erdnussöl

Für den Dip

100 g Naturjoghurt

abgeriebene Schale und Saft von ½ Biozitrone

Meersalz

frisch gemahlener schwarzer Pfeffer

Für den Spinat

300 g Spinat

15 g Butter

Meersalz

frisch gemahlener schwarzer Pfeffer

- Für die Frikadellen die **Linsen** zweimal in einer Schüssel mit kaltem Wasser waschen und in ein Sieb abgießen. Linsen mit der **Gemüsebrühe** in einen Topf geben, zum Kochen bringen und bei mittlerer Temperatur 13–15 Minuten offen köcheln lassen, bis die Flüssigkeit verkocht ist.
- Inzwischen für den Dip den **Joghurt** mit **Zitronenschale** und **-saft** in eine Schüssel geben, verrühren und leicht mit **Salz** und **Pfeffer** abschmecken. Beiseitestellen.
- Für die Spinatbeilage den **Spinat** verlesen, waschen und trocken schleudern.
- Die **Haferflocken** im elektrischen Zerhacker fein zermahlen. Die gegarten Linsen mit Hafermehl, **Olivenöl, Schalotten, Salz, Gewürzen** und **Rosmarin** in die Schüssel der Küchenmaschine geben und mit dem Flachrührer 2 Minuten verrühren. Alternativ die Zutaten mit einem Holzlöffel sehr gut durchrühren. Aus der Linsenmasse vier große oder sechs mittelgroße Frikadellen formen.
- Eine Pfanne auf mittlerer Stufe erhitzen. Das **Erdnussöl** darin heiß werden lassen. Die Frikadellen im Öl von beiden Seiten insgesamt 5 Minuten braten.
- Währenddessen die **Butter** in einen großen Topf geben, mit **Salz** und **Pfeffer** würzen und auf hoher Stufe erhitzen. Den Spinat hineingeben, den Deckel aufsetzen und 1 Minute garen. Durchrühren und den Spinat weitere 1–2 Minuten garen. In ein Sieb geben und kurz abtropfen lassen.
- Die Linsenfrikadellen mit dem Spinat auf zwei Tellern anrichten. Dazu den Dip reichen.

i

KURKUMA

Herausragend antientzündliche und antioxidative Kräfte. Hemmt gefährliche Oxidationen im Körper, die Arteriosklerose und Krebs fördern. Wirkung kann vielfach gesteigert werden, gemeinsam mit Öl (zum Beispiel Lein- oder Olivenöl) und Piperin, einem Wirkstoff aus schwarzem Pfeffer. Biologische Qualität empfohlen.

VEGETARISCH Pro Person kcal 649 E 26 g F 40 g KH 39 g

SCHNELLE SPITZKOHLPIZZA

Zubereitung 15 Minuten | Backzeit 10 Minuten

FÜR 2 PERSONEN

1 rundes Dinkel- oder Roggenbrot (∅ ca. 20 cm)

500 g Spitzkohl

250 g Sojasahne

Meersalz

frisch gemahlener schwarzer Pfeffer

½ Bund Petersilie, Blätter abgezupft und die Hälfte davon gehackt

1 Kugel (125 g) Mozzarella, in 6 dünne Scheiben geschnitten

1 Msp. Chiliflocken

1 EL Olivenöl

- Den Backofen auf 180 °C Umluft vorheizen. Ein Backblech mit Backpapier auslegen.
- Das **Brot** mit einem Sägemesser waagerecht in drei runde, dicke Scheiben schneiden. Die mittlere Scheibe auf das vorbereitete Backblech legen, den Rest anderweitig verwenden (siehe Tipp).
- Den **Spitzkohl** vierteln, den Strunk entfernen und den Kohl in Streifen schneiden. Die **Sojasahne** in einen großen Topf geben, mit **Salz** und **Pfeffer** würzen und aufkochen. Spitzkohl und **gehackte Petersilie** zugeben, den Deckel aufsetzen und bei mittlerer Temperatur 2 Minuten kochen, dann durchrühren und weitere 2 Minuten kochen.
- Den Kohl gleichmäßig auf der dicken Brotscheibe verteilen, den **Mozzarella** mittig kreisförmig darauf verteilen und mit den **Chiliflocken** würzen. Im vorgeheizten Ofen 10 Minuten backen.
- Die restlichen **Petersilienblätter** in eine Schale geben, leicht **salzen,** das **Olivenöl** darüberträufeln und vermengen.
- Spitzkohlpizza aus dem Ofen nehmen, die Petersilie als Büschel mittig daraufsetzen und servieren.

TIPP Das restliche Brot lässt sich vielfältig verwenden. Sie können daraus Croûtons (siehe Roggenbrot-Croûtons auf Seite 54), Arme Ritter, Brotpudding und Brotsalat (siehe Brotsalat mit Tomaten und Basilikum auf Seite 87) zubereiten oder das Brot trocknen und zu Paniemehl verarbeiten.

i

SPITZKOHL

Fein aromatisch-süßlich im Geschmack und leicht verdaulich. Reich an den Vitaminen C, B und K, den Mineralstoffen Magnesium und Kalzium sowie Spurenelementen (Mangan, Phosphor und Eisen). Schwefelhaltige Substanzen wirken antibakteriell, antientzündlich und entgiftend. Kostbare Senfglykoside stärken die Immunabwehr.

Pro Person kcal 385 E 13 g F 12 g KH 50 g

AUBERGINENSCHNITZEL MIT AJVAR-DIP

Zubereitung 25 Minuten

FÜR 2 PERSONEN

1 große Aubergine (300–350 g)

Meersalz

1 Ei (Größe L)

2–3 EL Weizenmehl (Type 405)

90 g Paniermehl (am besten selbst gemachtes)

4–6 EL Erdnuss- oder Pflanzenöl

frische kleine Kräuterblätter nach Wahl (z. B. Basilikum oder Petersilie) zum Garnieren

½ Biozitrone, in Stücke geschnitten

Für den Dip

125 g Naturjoghurt (3,5 % Fett)

50 g scharfes Ajvar aus dem Glas

15 g Honig

Meersalz

frisch gemahlener schwarzer Pfeffer

- Von der **Aubergine** den Stielansatz abschneiden. Die Aubergine waschen, trocken tupfen und längs in sechs Scheiben schneiden. Ein kleines Backblech leicht mit **Salz** bestreuen, die Auberginenscheiben darauflegen, die Oberflächen leicht **salzen** und 15 Minuten ziehen lassen.
- In der Zwischenzeit für den Dip den **Joghurt** mit **Ajvar, Honig, Salz** und **Pfeffer** verrühren und kalt stellen.
- Zum Panieren das **Ei** mit 1–2 EL Wasser in einem tiefen Teller verquirlen. **Mehl** und **Paniermehl** jeweils auf einen Teller streuen. Die Auberginenscheiben zwischen Küchenpapier legen und trocken tupfen. Zunächst im Mehl wenden, dann durch das Ei ziehen, anschließend im Paniermehl wälzen und gut andrücken.
- Eine große Pfanne auf mittlerer Stufe erhitzen. Das **Erdnussöl** darin heiß werden lassen. Die panierten Auberginenscheiben im Öl von beiden Seiten je 3–4 Minuten knusprig braten.
- Die Auberginenschnitzel auf zwei Teller verteilen, nach Wahl mit **Kräutern** garnieren und mit den **Zitronenstücken** zum Beträufeln servieren. Dazu den Ajvar-Dip reichen.

TIPP Servieren Sie zu den Auberginenschnitzeln einen mit Vinaigrette angemachten Blattsalat. Durch das Salzen wird der Aubergine Wasser entzogen und das entstandene Salzwasser gibt ihr später den Geschmack.

i

AUBERGINE

Kalorienarmes Gemüse mit 93 % Wasseranteil (17 kcal/ 100 g), liefert vor allem in der Schale reichlich Kalium, Magnesium, Folsäure, Kupfer sowie besonders B-Vitamine und Vitamin C. Wirkung: entwässernd, abführend und beruhigend. Zum Rohverzehr nicht geeignet. Die Aubergine ist reif, wenn auf Druck eine leichte Delle bleibt.

VEGETARISCH GLUTENFREI — Pro Person kcal 364 E 20 g F 18 g KH 25 g

GEMÜSE-FRITTATA

Zubereitung 15 Minuten | Backzeit 22–25 Minuten

FÜR 2 PERSONEN

1–2 EL Pflanzen- oder Erdnussöl

je 1 gelbe und rote Paprikaschote, in Würfel geschnitten

100 g Zwiebeln, in Würfel geschnitten

3 Frühlingszwiebeln, in Ringe geschnitten

100 g gekochte Kartoffeln, in Würfel geschnitten

1 TL getrocknete Kräuter der Provence

Meersalz

frisch gemahlener schwarzer Pfeffer

100 g Milch

4 Eier (Größe M)

10 g Butter

- Den Backofen auf 140 °C Umluft vorheizen.
- Eine ofenfeste beschichtete Pfanne auf mittlerer bis hoher Stufe erhitzen. Das **Pflanzenöl** darin heiß werden lassen. **Paprika, Zwiebeln, Frühlingszwiebeln, Kartoffeln** und **Kräuter** zugeben und 3 Minuten braten, mit **Salz** und **Pfeffer** würzen und alles durchmengen.
- **Milch, Eier, Salz** und **Pfeffer** in eine hohe Schüssel geben und mit dem Stabmixer kurz durchmixen. Die Gemüsemischung aus der Pfanne zugeben und gut durchrühren.
- Die **Butter** in der gleichen Pfanne zerlassen. Die Gemüse-Ei-Mischung hineingeben und bei mittlerer Temperatur 1 Minute garen. Dann die Pfanne in den vorgeheizten Ofen stellen und 22–25 Minuten backen.
- Die Gemüse-Frittata heiß aus dem Ofen servieren.

TIPP Dazu passt ein Blattsalat sehr gut. Zum Würfeln von Paprika und Zwiebeln am besten einen manuellen oder elektrischen Würfelschneider verwenden, alternativ mit dem Messer würfeln.

PAPRIKA

Eine rote Paprikaschote deckt den Tagesbedarf an Vitamin A. Beeindruckt mit den Vitaminen C und B_6, Eisen, Kalium, Kalzium, Magnesium und Phosphor sowie sekundären Pflanzenstoffen, den antioxidativ wirkenden Karotinoiden. Stärkt Immunsystem, Krebsabwehr, Herz-Kreislauf-System und Muskulatur. Besser verträglich ohne Haut.

Pro Person kcal 473 E 35 g F 31 g KH 9 g GLUTENFREI

BLUMENKOHL-PARMESAN-RÖSTI MIT MEERRETTICH-DIP

Zubereitung 30 Minuten

FÜR 2 PERSONEN
(ergibt 6 Rösti)

Für die Rösti

1 EL Olivenöl plus etwas Olivenöl zum Bestreichen

350 g Blumenkohl, in Röschen geschnitten

30 g abgezogene Mandeln

120 g italienischer Hartkäse, in kleine Stücke geschnitten

2 Eier (Größe M)

Meersalz

frisch gemahlener schwarzer Pfeffer

15 g Butter

1 Radicchio, längs geviertelt

2 Frühlingszwiebeln, in Ringe geschnitten

Für den Dip

2–3 EL Crème fraîche

1 TL scharfer Meerrettich aus dem Glas

Meersalz

frisch gemahlener schwarzer Pfeffer

Außerdem

Speisering (∅ 10–12 cm)

- Den Backofen 15 Minuten auf 200 °C Umluft vorheizen. Für die Rösti ein Backblech mit Backpapier auslegen und das ganz leicht mit **Olivenöl** bestreichen.
- Den **Blumenkohl** mit **Mandeln** und **Käse** im elektrischen Zerhacker im Puls-Modus gut 1 Minute zerkleinern, bis man eine feine Masse hat, die wie geriebener Parmesan aussieht. Die Blumenkohlmischung in eine Schüssel geben.
- **Eier** und **Olivenöl** zugeben, mit **Salz** und **Pfeffer** würzen und vermengen. Den Speisering auf das vorbereitete Backblech setzen, ein Sechstel der Röstimasse hineingeben, glatt streichen und leicht andrücken. Den Ring abziehen und auf die gleiche Weise fünf weitere Rösti formen. Im vorgeheizten Ofen 17–18 Minuten backen.
- Inzwischen für den Dip die **Crème fraîche** mit dem **Meerrettich** in einer Schale vermengen und mit **Salz** und **Pfeffer** würzen.
- Die **Butter** in einer Pfanne auf mittlerer Stufe erhitzen und den **Radicchio** darin 3–4 Minuten braten. Dann leicht würzen.
- Die Rösti mit dem Radicchio auf zwei Tellern anrichten und mit dem Meerrettich-Dip toppen. Mit den **Frühlingszwiebeln** garnieren und servieren.

TIPP Anstelle des Blumenkohls kann man auch gut Brokkoli oder Romanesco verwenden.

i

BLUMENKOHL

Leicht verdauliches Gemüse mit reichlich Vitamin C und B_5, Folsäure, Kalium, Kalzium, Phosphor. Zink und ätherische Senföle stärken Immunsystem und Zellschutz, der sekundäre Pflanzenstoff Glucosinolat wirkt krebsvorbeugend (wichtig bei Schilddrüsenfehlfunktion: verlangsamt die Jodaufnahme).

VEGETARISCH Pro Person kcal 356 E 14 g F 25 g KH 16 g

AVOCADO MIT EIGELB UND KRÄUTERPANADE

Zubereitung 8 Minuten | Backzeit 16–18 Minuten

FÜR 2 PERSONEN

1 reife Avocado

2 Eigelb (einzeln in je 1 Tasse)

Meersalz

frisch gemahlener schwarzer Pfeffer

10–12 Basilikumblätter plus etwas Basilikum zum Garnieren

10 Blätter glatte Petersilie

50 g Toastbrot, Kruste entfernt und in Stücke geschnitten

1 Knoblauchzehe, halbiert

25 g abgezogene Mandeln (alternativ Cashewkerne)

30 g Hartkäse, in Stücke geschnitten

- Den Backofen gut 15 Minuten auf 200 °C Umluft vorheizen. Ein kleines Backblech oder eine Auflaufform mit Backpapier auslegen.
- Die **Avocado** halbieren, den Kern entfernen und die Haut vom Fruchtfleisch abziehen. Die Avocadohälften an den Rundungen mit dem Messer etwas abflachen, damit sie standfest sind. Auf das vorbereitete Backblech setzen, je ein **Eigelb** in die Mulden geben und leicht mit **Salz** und **Pfeffer** würzen.
- **Basilikum** und **Petersilie** waschen und trocken tupfen. Die Kräuter mit **Toastbrot, Knoblauch, Mandeln** und **Hartkäse** im elektrischen Zerhacker im Puls-Modus zu einer feuchten Panade mixen. Zwei Drittel der Panade auf die Avocados verteilen. Die restliche Panade mit den Händen zu zwei bis vier kleinen Frikadellen formen und ebenfalls auf das Blech geben.
- Im vorgeheizten Ofen 16–18 Minuten backen, nach 8–10 Minuten eventuell mit Alufolie abdecken, damit die Panade nicht zu dunkel wird.
- Die überbackenen Avocadohälften auf zwei Teller setzen, mit etwas Basilikum garnieren und servieren.

TIPP Dazu passt eine Scheibe Vollkornbrot. Statt Toastbrot kann man auch Dinkelbrot (Kruste entfernt) verwenden.

i

EIGELB

Ein Ei deckt etwa 15 % des minimalen Proteintagesbedarfs. Vitamine und Proteine sind überwiegend im Eigelb enthalten, es liefert reichlich die Vitamine A, B_1, B_2, B_6, B_{12}, D und K, Folsäure, Eisen, Kalium, Kalzium, Phosphor, Selen, Mangan und Zink. Lecithin steigert die Hirnfunktion. Der Cholesteringehalt ist unbedenklich.

Pro Person kcal 503 E 14 g F 19 g KH 63 g GLUTENFREI

PETERSILIEN-PANCAKES MIT PASTINAKENCREME

Zubereitung 25–30 Minuten

FÜR 2 PERSONEN
(ergibt 10–12 kleine Pancakes)

Für die Pancakes

130 g Milch

30 g glatte Petersilie, grob gehackt

1 Ei (Größe M)

80 g Buchweizenmehl

½ TL Backpulver

1 Prise Meersalz

1–2 EL Sonnenblumenöl

Für die Creme

500 g Pastinake, geschält und in walnussgroße Stücke geschnitten

1 große Prise Meersalz

80 g Sahne

Für die Garnierung

¼ Bund glatte Petersilie, Blätter abgezupft

½ EL milder Weißweinessig mit Restsüße

1 TL Olivenöl

Meersalz

frisch gemahlener schwarzer Pfeffer

- Für die Pancakes die **Milch** mit der **Petersilie** im Standmixer 30 Sekunden mixen. Dann **Ei, Buchweizenmehl, Backpulver** und **Salz** dazugeben und kurz durchmixen. Die Teigmasse in eine kleine Schüssel füllen.
- Für die Creme die **Pastinake** mit 150 g Wasser und **Salz** in einen Topf geben, abdecken, aufkochen und 12–15 Minuten köcheln lassen, dabei zwischendurch umrühren. Dann in ein Sieb abgießen. In einen hohen Mixbecher geben, die **Sahne** zugießen und mit dem Stabmixer cremig mixen, eventuell etwas nachwürzen.
- Während der Garzeit für die Garnierung die **Petersilie** mit **Essig, Öl** und etwas **Salz** und **Pfeffer** in eine Schale geben, vermengen und zum Marinieren beiseitestellen.
- Inzwischen eine große Pfanne auf mittlerer Stufe erhitzen. Das **Sonnenblumenöl** zugießen und heiß werden lassen. Den Teig in zehn bis zwölf Portionen hineingeben und die Pancakes von beiden Seiten je 2–3 Minuten braten.
- Die fertig gebratenen Petersilien-Pancakes auf zwei Teller geben und die Creme daneben anrichten. Mit der marinierten Petersilie garnieren und servieren.

i

PETERSILIE

Vitalstoffpaket mit exzellenter Nährstoffbilanz: Vitamine A, B_1–B_6, C und K, Magnesium, Kalzium, Folsäure, Phosphor, Eisen, Mangan und Antioxidantien aus sekundären Pflanzenstoffen, den sogenannten Flavonoiden, die günstig auf die Herzgesundheit wirken. Sorgt für frischen Atem, zum Beispiel nach dem Genuss von Knoblauch.

PASTINAKE

Geschmacklich süßer als die Möhre durch etwas höheren Kohlenhydratgehalt bietet die Pastinake viel Kalium und Folsäure, außerdem etwas Vitamine B_6 und C, Magnesium, Kupfer, Phosphor und Pantothensäure. Wirkt krampflösend und reinigend im Verdauungssystem und fördert die Ausscheidung über die Nieren.

VEGETARISCH Pro Person kcal 462 E 21 g F 33 g KH 34 g

KNUSPERBAGUETTESCHEIBEN MIT CHAMPIGNONS UND KAISERSCHOTEN

Zubereitung 20 Minuten

FÜR 2 PERSONEN

40 g Olivenöl

1 Knoblauchzehe, grüner Keimling entfernt und Zehe halbiert

Meersalz

½ Dinkel- oder Roggenbaguette, in 10 Scheiben geschnitten

2–3 EL Erdnussöl

170 g Zwiebeln, halbiert und in Scheiben geschnitten

350 g Champignons, Haut abgezogen und in Scheiben geschnitten

frisch gemahlener schwarzer Pfeffer

50 g Kaiserschoten, längs in Streifen geschnitten

50–60 g Parmesan, mit dem Sparschäler in lange Streifen geschnitten

- Das **Olivenöl** in eine Schale geben und den **Knoblauch** mit der Knoblauchpresse hineindrücken. Mit einer Prise **Salz** würzen.
- Eine Pfanne ohne Fettzugabe auf mittlerer Stufe erhitzen. Die **Baguettescheiben** von beiden Seiten leicht mit dem Knoblauchöl einstreichen, in die heiße Pfanne geben und von beiden Seiten jeweils 1–2 Minuten knusprig braten. Die Scheiben auf ein kleines Backblech setzen.
- Das **Erdnussöl** in die gleiche Pfanne gießen und auf mittlerer Stufe erhitzen. Die **Zwiebeln** zugeben und 1 Minute darin anbraten. Dann die **Champignons** hinzufügen und 2–3 Minuten braten, dabei die Pfanne zwischendurch schwenken. Erst jetzt mit **Salz** und **Pfeffer** würzen.
- Die **Kaiserschoten** einrühren und 1–2 Minuten mitbraten. Abschmecken und die Gemüsemischung auf den Baguettescheiben verteilen. Den **Parmesan** darübergeben, die belegten Knusperbaguettescheiben auf zwei Teller setzen und genießen.

i

CHAMPIGNONS

Weiß, braun (intensiv aromatisch) oder als Riesenvariante liefern sie reichlich Kalzium, Phosphor, Kupfer, B-Vitamine und wertvolles Vitamin D. Ein hoher Protein-, Ballaststoff- und Wassergehalt bereichert das Portfolio. Unverdauliches Chitin in den Zellwänden von Pilzen macht gutes Kauen unabdingbar.

Pro Person kcal 504 E 35 g F 30 g KH 21 g GLUTENFREI

PIZZA MIT ZUCCHINIBODEN MEDITERRAN

Zubereitung 10 Minuten | Ruhezeit 15 Minuten | Backzeit 18–22 Minuten

FÜR 2 PERSONEN

Für die Böden

300 g Zucchini

Meersalz

Olivenöl zum Bestreichen

100 g italienischer Hartkäse, gerieben

1 Ei (Größe M)

30 g Haferflocken

frisch gemahlener schwarzer Pfeffer

Für den Belag

400 g gewürfelte Tomaten aus dem Tetrapack

1 TL getrocknete italienische Kräuter

Meersalz

frisch gemahlener schwarzer Pfeffer

100 g Feta, zerbröselt

je 3 rote, gelbe und orange Cocktailtomaten, halbiert

1–2 EL Olivenöl zum Beträufeln

Basilikum oder Estragon zum Garnieren

- Für die Böden die **Zucchini** putzen und auf einer Reibe grob in eine Schüssel raspeln. Leicht **salzen** und 15 Minuten ruhen lassen, damit die Zucchiniraspel Wasser abgeben.
- Inzwischen den Backofen auf 220 °C Umluft vorheizen. Ein Backblech mit Backpapier auslegen und leicht mit **Olivenöl** bestreichen.
- Für den Belag die **Tomaten** aus dem Tetrapack in ein Sieb geben und abtropfen lassen, dabei den Saft auffangen (siehe Tipp).
- Die Zucchiniraspel in ein Küchentuch geben, kräftig ausdrücken und in eine große Schüssel füllen. **Käse, Ei, Haferflocken** und **Pfeffer** zugeben und verrühren. Die Zucchinimasse in zwei langen Streifen auf das vorbereitete Backblech auftragen und im vorgeheizten Ofen 10–12 Minuten backen.
- Die Zucchinipizzaböden herausnehmen (den Ofen nicht ausschalten) und die Bodenränder mit etwas **Olivenöl** einstreichen. Das abgetropfte Tomatenfruchtfleisch in eine Schüssel geben, **Kräuter, Salz** und **Pfeffer** zugeben und verrühren. Die Mischung gleichmäßig auf den Böden verteilen. **Feta** und **Tomatenhälften** mit den Schnittflächen nach oben darauf verteilen und weitere 8–10 Minuten im Ofen backen.
- Die Pizzen mit dem **Olivenöl** beträufeln und mit **Basilikum** garniert heiß servieren.

TIPP Den aufgefangenen Tomatensaft mit einigen Tropfen Tabasco verrühren, mit Salz und Pfeffer würzen, in zwei Gläser füllen und zur Pizza servieren.

ZUCCHINI

Kalorienarme »Jungbrunnen«. Sie stärken das Immunsystem und die Verdauungsarbeit und entwässern. Kleine Zucchinis bieten eine höhere Konzentration an den Vitaminen C und B, Folsäure, Betacarotin, Eisen, Kalium, Kalzium, Mangan, Phosphor und Selen sowie sekundäre Pflanzenstoffe als appetitregulierende Bitterstoffe.

VEGETARISCH GLUTENFREI — Pro Person kcal 680 E 46 g F 37 g KH 38 g

PIZZA MIT ROTKOHLBODEN

Zubereitung 10 Minuten | Backzeit 25–26 Minuten

FÜR 3 PERSONEN

Für die Böden

½ EL Olivenöl plus etwas Olivenöl zum Einfetten

340 g Rotkohl, geviertelt und Strunk entfernt

150 g Kichererbsenmehl

4 Eier (Größe M)

1 EL getrocknete Kräuter der Provence

1 Msp. Chiliflocken

Meersalz

frisch gemahlener schwarzer Pfeffer

Für den Belag

400 g rote Zwiebeln, in dünne Scheiben geschnitten

2 EL Olivenöl

Meersalz

400 g Mozzarella, in dünne Scheiben geschnitten

1 EL Kräuter der Provence

20–30 junge Rucolablätter (alternativ Brunnenkresse)

- Den Backofen auf 220 °C Umluft vorheizen. Für die Böden ein Backblech mit Backpapier auslegen und dieses leicht mit etwas **Olivenöl** einfetten.
- Den **Rotkohl** in sehr feine Streifen schneiden, dazu am besten eine Küchenmaschine mit Raspelvorsatz verwenden. Den Kohl in eine Schüssel geben, **Kichererbsenmehl, Eier, Kräuter** und **Chiliflocken** dazugeben, mit **Salz** und **Pfeffer** würzen und gut vermengen.
- Die Rotkohlmasse in sechs gleich großen Portionen auf das vorbereitete Backblech geben und zu dünnen Böden ausstreichen. Im vorgeheizten Ofen 15 Minuten backen.
- In der Zwischenzeit für den Belag die **Zwiebeln** in eine Schüssel geben, **Olivenöl** darüberträufeln, mit etwas **Salz** würzen, vermengen und durchziehen lassen.
- Die Rotkohlpizzaböden herausnehmen (den Ofen nicht ausschalten) und die Bodenränder mit **Olivenöl** bestreichen – so werden sie besonders knusprig. Dann die Böden gleichmäßig mit dem **Mozzarella** belegen, mit etwas **Salz** und den **Kräutern** bestreuen und im Ofen weitere 5 Minuten backen. Dann die Zwiebelringe darauf verteilen und noch mal 5–6 Minuten backen.
- **Rucola** waschen und trocken schleudern. Die Pizzen herausnehmen, mit dem Rucola belegen und heiß oder warm servieren.

i

ROTKOHL

Potenzieller Lebensverlängerer mit Betacarotin, den Vitaminen C, E, K und B_6, Folsäure, Schwefel, Selen, Kupfer, Eisen, Kalium und Kalzium. Punktet durch antioxidative sekundäre Pflanzenstoffe wie Flavonoide und Anthocyane (rote Farbe). Stärkt das Immunsystem und die Krebsabwehr, bindet freie Radikale und Zellgifte.

Pro Person kcal 657 E 28 g F 44 g KH 36 g GLUTENFREI

PIZZA MIT BLUMENKOHLBODEN UND KRÄUTERSEITLINGEN

Zubereitung 10 Minuten | Ruhezeit 5 Minuten | Backzeit 25–27 Minuten

FÜR 3 PERSONEN

Für den Boden

Olivenöl zum Bestreichen

240 g Blumenkohl

115 g Buchweizenmehl

1 EL getrocknete Kräuter der Provence

3 Eier (Größe M)

Meersalz

frisch gemahlener schwarzer Pfeffer

1 Msp. Chiliflocken

Für den Belag

250 g Crème fraîche

120 g Gruyère, gerieben

100 g Kräuterseitlinge, gewürfelt

1–2 EL gemischte helle und dunkle Sesamsaat

1 TL Chiliflocken

Meersalz

- Den Backofen auf 220 °C Umluft vorheizen. Für den Boden ein Pizzablech (∅ 30 cm) mit Backpapier auslegen und dieses mit **Olivenöl** bestreichen.
- Den **Blumenkohl** waschen, putzen und raspeln, dazu am besten eine Küchenmaschine mit Raspelvorsatz verwenden. Alternativ kann man auch einen elektrischen Zerhacker nehmen.
- Den Blumenkohl in eine Schüssel geben, **Buchweizenmehl, Kräuter** und **Eier** zugeben, mit **Salz, Pfeffer** und **Chiliflocken** würzen und vermengen. Die Blumenkohlmasse auf das vorbereitete Pizzablech geben und gleichmäßig ausstreichen. Im vorgeheizten Ofen 15 Minuten backen.
- Das Pizzablech herausnehmen (den Ofen nicht ausschalten) und den Bodenrand mit **Olivenöl** einstreichen – so wird er knuspriger.
- Für den Belag die **Crème fraîche** gleichmäßig darauf verteilen, den **Käse** darüberstreuen und mit den **Pilzen** belegen. Zum Schluss **Sesam** und **Chiliflocken** über den Belag streuen, leicht mit **Salz** würzen und weitere 10–12 Minuten backen.
- Aus dem Ofen nehmen und die Pizza vor dem Servieren 5 Minuten ruhen lassen.

KRÄUTERSEITLINGE

Ihr Zweitname ist »Königsausternpilz«. Kräuterseitlinge bestechen geschmacklich als preisgünstigeres »Fleisch des Waldes«. Kalorienarme, sättigende Eiweißpakete mit reichlich Vitamin B_2, B_3 und B_5, Kalium sowie Ballaststoffen (200 g liefern die Hälfte der täglich empfohlenen Ballaststoffmenge von 30 g).

MIT FLEISCH

GLUTENFREI — Pro Person kcal 560 E 34 g F 32 g KH 30 g

OFEN-AUBERGINE MIT HELLER SAFRAN-BOLOGNESE

Zubereitung 45–50 Minuten | Ruhezeit 30 Minuten

FÜR 2 PERSONEN

Für das Ofengemüse

1 große Aubergine

Meersalz

2 EL Olivenöl

Für die Bolognese

2 EL Sonnenblumenöl

250 g Rinderhackfleisch

100 g Zwiebeln, gewürfelt

1 TL Kräuter der Provence

1 Knoblauchzehe, grüner Keimling entfernt und Zehe gehackt

0,5 g Safranfäden

220 g Gemüsebrühe

150 g Kartoffeln, in 2 cm große Würfel geschnitten

Meersalz

frisch gemahlener schwarzer Pfeffer

100 g Kichererbsen aus der Dose

80–100 g Sahne

1 TL Speisestärke

Basilikumblätter zum Garnieren

- Für das Ofengemüse die **Aubergine** waschen und den Stielansatz abschneiden, dann die Aubergine längs halbieren und das Fruchtfleisch rautenförmig einschneiden. Mit etwas **Salz** bestreuen und 30 Minuten ziehen lassen.
- Inzwischen den Backofen auf 190 °C Umluft vorheizen. Ein Backblech mit Backpapier auslegen.
- Die Oberflächen der Auberginenhälften mit Küchenpapier abtupfen und das **Olivenöl** daraufträufeln. Auf das vorbereitete Backblech setzen und im vorgeheizten Ofen 40–45 Minuten backen.
- In der Zwischenzeit für die Bolognese das **Sonnenblumenöl** in einem Topf auf hoher Stufe erhitzen. Das **Rinderhackfleisch** darin 3–4 Minuten anbraten. **Zwiebeln, Kräuter** und **Knoblauch** zugeben und 3 Minuten mitgaren. Dann den **Safran** zufügen und nur ganz kurz miterhitzen. Die **Brühe** zugießen und aufkochen. Die **Kartoffeln** hinzufügen, mit etwas **Salz** und **Pfeffer** würzen und auf mittlerer Stufe 10 Minuten kochen. Dann **Kichererbsen** und **Sahne** zugeben und weitere 5 Minuten kochen.
- Die **Speisestärke** mit 2 EL kaltem Wasser anrühren. Die Mischung einrühren und die Garflüssigkeit binden.
- Zum Servieren die Ofen-Auberginen auf zwei Teller legen, die Safran-Bolognese daneben anrichten und mit **Basilikum** garnieren.

i

SAFRAN

Kostbarstes Gewürz und Heilmittel der Welt. Der sekundäre Pflanzenstoff Crocin bedingt die gelbe Farbe, steigert Sehkraft und Krebsabwehr. Der Bitterstoff Pikrocrocin und ätherische Öle wirken krampflösend, verdauungsfördernd, sättigend, kreislaufanregend, antidepressiv und potenzsteigernd (Mann und Frau).

Pro Person kcal 779 E 43 g F 28 g KH 82 g GLUTENFREI

GEBRATENE MARINIERTE LAMMFILETS MIT SÜSSKARTOFFELN AUS DEM OFEN

Zubereitung 30–35 Minuten | Marinierzeit 30 Minuten

FÜR 2 PERSONEN

Für das Fleisch

20 g Sonnenblumenöl

1 Knoblauchzehe, geschält

2 Zweige Rosmarin, Nadeln gehackt

Meersalz

frisch gemahlener schwarzer Pfeffer

5–6 Lammfilets

Minze zum Garnieren

Für den Dip

100 g Naturjoghurt (3,5 % Fett)

Meersalz

frisch gemahlener schwarzer Pfeffer

5 Stängel Minze, Blätter fein gehackt

Für das Ofengemüse

3 Süßkartoffeln (à 200 g), geschält und in lange Spalten geschnitten

150 g Zwiebeln, in je 6 Spalten geschnitten

2–3 Zweige Rosmarin, Nadeln abgezupft

4–5 Knoblauchzehen, geviertelt

3–4 EL Pflanzenöl

Meersalz

frisch gemahlener schwarzer Pfeffer

- Für das Fleisch das **Sonnenblumenöl** in eine Schüssel geben und den **Knoblauch** mit der Knoblauchpresse in die Schüssel drücken. **Rosmarin** dazugeben, mit **Salz** und **Pfeffer** würzen und alles vermengen. Die **Lammfilets** in die Marinade geben, gut damit einreiben und bei Zimmertemperatur 30 Minuten marinieren.
- Inzwischen den Backofen auf 180 °C Umluft vorheizen. Ein Backblech mit Backpapier auslegen.
- Für den Dip den **Joghurt** in einen hohen Mixbecher geben, leicht mit **Salz** und **Pfeffer** würzen, die **Minze** zugeben und mit dem Stabmixer gut durchmixen. In eine Schale füllen und kalt stellen.
- Für das Ofengemüse die **Süßkartoffeln** mit **Zwiebeln, Rosmarin** und **Knoblauch** auf das vorbereitete Backblech geben. Das **Pflanzenöl** darüberträufeln, mit **Salz** und **Pfeffer** würzen, gut vermengen und im vorgeheizten Ofen 20–25 Minuten backen.
- Etwa 10 Minuten vor Ende der Ofengarzeit eine Pfanne ohne Fettzugabe auf hoher Stufe erhitzen. Die marinierten Lammfilets darin rundum gut anbraten, das dauert 3–4 Minuten. Dann in Alufolie einschlagen und 1 Minute ruhen lassen.
- Die Lammfilets schräg aufschneiden und auf zwei Teller verteilen. Das Ofengemüse daneben anrichten, nach Belieben mit **Minze** garnieren und servieren. Dazu den Minzdip reichen.

LAMM

Nährstoffreichste Fleischsorte mit Vitamin A, Vitamin-B-Komplex, Mineralstoffen und Eiweiß. 100 g decken bereits den Tagesbedarf an Vitamin B_{12}, das in pflanzlichen Lebensmitteln fehlt. 19 g Eiweiß und reichlich immunstärkendes Zink, Selen, Kalium und Kalzium.

GLUTENFREI — Pro Person kcal 667 E 36 g F 30 g KH 59 g

STECKRÜBENPÜREE MIT BUCHWEIZENBULGUR

Zubereitung 30 Minuten | Ruhezeit 20 Minuten

FÜR 2 PERSONEN

Für den Bulgur

60 g Buchweizenbulgur

10 g Sonnenblumenkerne

10 g Leinsamen

10 g Walnusskerne

abgeriebene Schale und Saft von ½ Biozitrone

Meersalz

frisch gemahlener schwarzer Pfeffer

3 Stängel glatte Petersilie, gehackt

Für Kugeln und Püree

Meersalz

800 g Steckrübe, geschält und längs halbiert

30–40 g Sahne

Für Marinade und Salat

2 EL milder weißer Balsamico-Essig

½ EL Ahornsirup oder Honig

Meersalz

frisch gemahlener schwarzer Pfeffer

2 EL Nussöl (z. B. Haselnuss- oder Walnussöl; alternativ Sonnenblumenöl)

1 Handvoll Wildkräutersalatblätter

Zum Servieren

6 Scheiben rosa gebratenes Roastbeef

- Für den Bulgur 130 g Wasser in einen Topf geben, den **Buchweizenbulgur** zufügen, aufkochen und 3 Minuten köcheln lassen. Vom Herd nehmen und abgedeckt 20 Minuten ziehen lassen.
- **Sonnenblumenkerne, Leinsamen, Walnüsse, Zitronenschale** und **-saft** dazugeben und leicht mit **Salz** und **Pfeffer** würzen.
- Für die Rübenkugeln leicht **gesalzenes** Wasser in einem Topf aufkochen. Mit einem Kugelausstecher zwölf bis 14 Kugeln aus den **Rüben** stechen und 4–5 Minuten im kochenden Wasser garen. Abgießen und im Topf belassen.
- Für das Püree leicht **gesalzenes** Wasser in einem anderen Topf aufkochen. Die Rübenreste in Stücke schneiden und 13–15 Minuten weich kochen. Abgießen, mit der **Sahne** in einen hohen Mixbecher geben und mit dem Stabmixer glatt mixen.
- Für die Marinade **Essig, Ahornsirup, Salz** und **Pfeffer** verrühren, dann das **Nussöl** einrühren. Die Hälfte der Marinade mit den Steckrübenkugeln vermengen. Den **Salat** waschen, trocken schleudern, in eine Schüssel geben und mit der restlichen Marinade vermischen.
- Die **Petersilie** zur Bulgurmischung geben und unterheben. Zum Servieren das Rübenpüree auf zwei Teller verteilen. **Roastbeef,** Bulgur, Steckrübenkugeln und Salat darauf anrichten und genießen.

i

SONNENBLUMENKERNE

Wertvolles, ballaststoffreiches Lebensmittel, das mit 85 % ungesättigten Fettsäuren, reichlich Folsäure, Phosphor, Pantothensäure, Kupfer, Zink, Eisen, Magnesium, Kalium sowie den Vitaminen B_1, B_2 und B_6 punktet. Hoher Kaliumgehalt, besonders günstig bei Bluthochdruck und Herz-Kreislauf-Krankheiten.

LEINSAMEN

Exzellenter Lieferant von antientzündlichen Omega-3-Fettsäuren, Eiweiß, Ballaststoffen und wertvollen Schleimstoffen (den sogenannten Lignanen), den Vitaminen B_1, B_2, C, E sowie Betacarotin, Zink, Eisen, Phosphor, Magnesium, Kalium und Kalzium. Helfer bei Reizdarm, Verstopfung sowie Entzündungen des Magen-Darm-Trakts.

Pro Person kcal 418 E 56 g F 13 g KH 15 g LAKTOSEFREI GLUTENFREI

HÄHNCHENBRUST AUF TOMATEN-BOHNEN-GEMÜSE

Zubereitung 25 Minuten

FÜR 2 PERSONEN

Für das Gemüse

1 EL Erdnuss- oder Sonnenblumenöl

130 g Zwiebeln, halbiert und in Scheiben geschnitten

3 Knoblauchzehen, grüner Keimling entfernt und Zehe gehackt

250 g grüne Bohnen, in ca. 2 cm lange Stücke geschnitten

65 g Tomatenmark

½ TL Honig

Meersalz

frisch gemahlener schwarzer Pfeffer

Für das Fleisch

1 EL Erdnuss- oder Sonnenblumenöl

2 Hähnchenbrustfilets, Fett und Sehnen entfernt

Meersalz

gehackte Petersilie oder Petersilienstängel zum Garnieren (nach Belieben)

- Für das Gemüse eine große Pfanne auf mittlerer Stufe erhitzen. Das **Erdnussöl** darin heiß werden lassen. **Zwiebeln** und **Knoblauch** dazugeben und 2 Minuten anschwitzen. **Bohnen** hinzufügen und 1 Minute mitgaren. **Tomatenmark** und **Honig** zugeben und erhitzen, dann 200–220 g Wasser angießen, mit **Salz** und **Pfeffer** würzen und verrühren. Abdecken und 8–9 Minuten köcheln lassen, dabei nach Bedarf etwas Wasser nachgießen.
- Währenddessen für das Fleisch eine Pfanne auf mittlerer bis hoher Stufe erhitzen. Das **Erdnussöl** darin heiß werden lassen. Die **Hähnchenbrustfilets** unter fließendem kaltem Wasser abspülen, trocken tupfen, leicht **salzen** und im heißen Öl von beiden Seiten jeweils 2–3 Minuten braten. Dann auf sehr niedriger Stufe 2–3 Minuten gar ziehen lassen, zwischendurch mehrmals wenden.
- Die Hähnchenbrustfilets in Scheiben schneiden. Das Tomaten-Bohnen-Gemüse auf zwei Teller geben, die Hähnchenscheiben darauf anrichten und nach Belieben mit **Petersilie** garnieren.

TIPP Verwenden Sie gut beschichtete schwere Pfannen, so wird das Bratergebnis optimal, und man braucht nur wenig Fett. Wichtig ist, die Pfanne erst aufzuheizen, bevor man das Öl hineingibt und heiß werden lässt.

BOHNEN

Beeindrucken mit Kalium und Folsäure, den Vitaminen A, B_1 und C, Magnesium, Eisen, Kupfer, Phosphor und Kalzium. Idealer Ballaststofflieferant mit darmschützenden Effekten und geringer Blutzuckerwirkung. Der Eiweißreichtum bedingt eine gute Sättigung und fördert das Idealgewicht.

LAKTOSEFREI GLUTENFREI | Pro Person kcal 553 E 48 g F 23 g KH 32 g

RINDERSTEAK MIT INGWERKAROTTEN

Zubereitung 35 Minuten | Marinierzeit 30 Minuten

FÜR 2 PERSONEN

Für die Karotten

1 Knoblauchzehe

30 g Ingwerwurzel

30 g Olivenöl

1 EL Honig

abgeriebene Schale und Saft von 1 Biozitrone

Meersalz

750 g verschiedenfarbige Karotten (z. B. orange, gelbe und lila Sorten), in dicke Stifte geschnitten

5 g helle Sesamsaat

Petersilienblätter zum Garnieren (nach Belieben)

Für das Fleisch

1–2 EL Erdnussöl

2 Rumpsteaks (à 150 g), 60 Minuten vor dem Braten aus dem Kühlschrank genommen

Außerdem

2 Bratschläuche

- Für die Karotten **Knoblauchzehe** und **Ingwer** schälen. Die Zehe mit einer Knoblauchpresse in eine Schüssel drücken, den Ingwer hineinreiben. **Olivenöl, Honig, Zitronenschale** und **-saft** zugeben und mit zwei großen Prisen **Salz** würzen. Alles gut vermengen und die Mischung auf zwei Gefrierbeutel aufteilen.
- Die orangen und gelben **Karottenstifte** in den einen Beutel und die lilafarbenen Karottenstifte in den zweiten Beutel geben. Verschließen, mit der Marinade vermengen und in den Beuteln 30 Minuten ziehen lassen. Zwischendurch leicht durchkneten.
- Inzwischen den Backofen auf 180 °C Ober-/Unterhitze vorheizen.
- Die Karotten in zwei Bratschläuche füllen, verschließen und im vorgeheizten Ofen 22–25 Minuten garen.
- Etwa 10 Minuten vor Ende der Karottengarzeit für das Fleisch eine Pfanne auf hoher Stufe erhitzen. Das **Erdnussöl** darin heiß werden lassen. **Rumpsteaks** im Öl von beiden Seiten jeweils etwa 2 Minuten braten. Dann in Alufolie schlagen und 3–5 Minuten ruhen lassen.
- Die Ingwerkarotten aus dem Ofen nehmen, auf zwei Teller geben, mit dem **Sesam** bestreuen und nach Belieben mit **Petersilie** garnieren. Die Steaks in dicke Scheiben schneiden, neben den Karotten anrichten und servieren.

i

KAROTTEN

Provitamin A wird unter Beigabe von etwas Fett (ein paar Tropfen Öl oder etwas Butter) in wertvolles Vitamin A umgewandelt. Vitamin B, Folsäure, ätherische Öle, Ballaststoffe (Pektin) und Karotinoide stärken Sehkraft, Magen-Darm-Schleimhaut, Immunsystem, Krebsabwehr, Haut und Haare.

BIOZITRONENSCHALE

Die Schale bietet zehnmal mehr Vitamine als Saft, wirkt immunstärkend und ausgleichend auf den Säure-Basen-Haushalt. Das Aroma rundet den Geschmack ab, wirkt antidepressiv, entspannend und konzentrationsfördernd. Eine gewaschene Biozitrone kann auch im Ganzen eingefroren und verwendet werden.

Pro Person kcal 468 E 34 g F 21 g KH 33 g GLUTENFREI

RINDERPAILLARD MIT HIRSESALAT

Zubereitung 35–40 Minuten

FÜR 2 PERSONEN

Für den Hirsesalat

15 g Butter

40 g Zwiebel, in Scheiben geschnitten

1–2 Zweige Rosmarin, Nadeln gehackt

90 g Hirse

Meersalz

6 Stängel Koriander, Blätter gehackt

6 Stängel Minze, Blätter gehackt

6 Schnittlauchhalme, in Röllchen geschnitten

Für das Fleisch

3 EL Olivenöl

2 Rinderfiletsteaks aus der Mitte (à 100–120 g)

Meersalz

1–2 Zweige Rosmarin, Nadeln gehackt

1 Knoblauchzehe, grüner Keimling entfernt und Zehe in hauchdünne Scheiben geschnitten

Zum Servieren

2 Radicchioblätter

50 g Parmesan, mit dem Sparschäler in Späne geschnitten

- Für den Hirsesalat die **Butter** in einem Topf auf mittlerer Stufe erhitzen. **Zwiebeln** und **Rosmarin** darin anschwitzen. Die **Hirse** mit etwas **Salz** zugeben und kurz erhitzen. Mit 200 g Wasser auffüllen, aufkochen und 3–4 Minuten köcheln lassen. Dann vom Herd nehmen, abdecken und 18 Minuten quellen lassen.
- Inzwischen den Backofen 15 Minuten auf 250 °C Umluft mit Grillfunktion vorheizen. Für das Fleisch ein Backblech mit Backpapier auslegen und dieses mit ½ EL **Olivenöl** bestreichen.
- Die **Rinderfiletsteaks** zwischen Frischhaltefolie oder in einen großen Gefrierbeutel geben und mit einem Fleischklopfer männerhandgroß flach klopfen, dabei zwischendurch die Folie hochziehen, wieder locker auf das Fleisch legen und immer von der Mitte zum Rand hin klopfen.
- Die Fleischpaillards auf das vorbereitete Backblech legen und nur ganz leicht **salzen,** mit dem restlichen **Olivenöl** beträufeln und mit den Fingern gut auf dem Fleisch verteilen. **Rosmarin** und **Knoblauch** gleichmäßig darauf verteilen. Im vorgeheizten Ofen auf der obersten Schiene 2 Minuten (eventuell plus 10 Sekunden) garen. Nicht länger, sonst wird das Fleisch trocken. Währenddessen **Koriander, Minze** und **Schnittlauch** zum Hirsesalat geben und unterrühren. Zum Servieren die **Radicchioblätter** abspülen und trocken tupfen. Die Rinderpaillards auf zwei Teller geben. Den Hirsesalat in die Radicchioblätter füllen und anrichten. Zum Schluss den **Parmesan** darüberstreuen.

i

HIRSE

Glutenfrei, leicht verdaulich, liefert reichlich Mineralien. Spurenelemente: Eisen (etwa 7 mg/100 g), Magnesium, Silizium (Kieselsäure). Positive Wirkung auf Blutbildung, Nervensystem, Bindegewebe, Haut, Haare und Nägel. Günstig bei Magen-Darm-Erkrankungen, Zöliakie und Autoimmunkrankheiten.

Pro Person kcal 490 E 42 g F 27 g KH 13 g

KALBSSCHNITZEL IM KÜRBISMANTEL MIT FELDSALAT

Zubereitung 20 Minuten

FÜR 2 PERSONEN

Für den Salat

1 Handvoll Feldsalat

2 EL milder Balsamico-Essig

1 TL Honig

15 g Haselnusskerne, gehackt

Meersalz

frisch gemahlener schwarzer Pfeffer

1 EL Olivenöl

Für das Fleisch

180 g Hokkaido-Kürbisfleisch, in Stücke geschnitten

70 g Parmesan, in Stücke geschnitten

Meersalz

frisch gemahlener schwarzer Pfeffer

½ TL edelsüßes Paprikapulver

2 Eier (Größe M)

1–2 EL Dinkelmehl (Type 630)

4 Kalbsschnitzel (à 50 g)

4–5 EL Butterschmalz

- Für den Salat den **Feldsalat** waschen und trocken schleudern.
- Für das Fleisch **Kürbis** und **Parmesan** im Gemüseschneider der Küchenmaschine fein in die Schüssel raspeln. Alternativ von Hand reiben, was aber länger dauert (Kürbis und Parmesan dann vorher nicht klein schneiden). **Salz, Pfeffer, Paprikapulver** und **Eier** zur Kürbismischung geben und kurz mit der Hand vermengen, bis alles gut verbunden ist.
- Das **Mehl** auf einen Teller streuen und die **Kalbsschnitzel** darin wenden. Die Hälfte der Kürbismasse auf die Schnitzel geben, gleichmäßig verteilen und andrücken. Dann das Fleisch am besten mit einer Winkelpalette oder einem Pfannenwender wenden, die anderen Seiten mit der restlichen Kürbismasse bedecken und andrücken.
- Eine Pfanne auf hoher Stufe erhitzen. **Butterschmalz** darin heiß werden lassen. Schnitzel im Schmalz von beiden Seiten jeweils 2–3 Minuten braten. Dann auf Küchenpapier abtropfen lassen.
- Während die Schnitzel gebraten werden, für das Salatdressing **Essig** mit **Honig, Nüssen, Salz** und **Pfeffer** in einer Schüssel vermischen. Dann das **Olivenöl** einrühren. Den Feldsalat zugeben und vermengen.
- Die Kalbsschnitzel auf zwei Teller geben und servieren. Dazu den Feldsalat reichen.

i

FELDSALAT

Klein im Blatt und kalorienarm (14 kcal/100 g) beeindruckt Feldsalat durch den hohen Gehalt an Vitamin C, Eisen, Magnesium, Phosphor und wertvoller Folsäure. Stärkend für den gesamten Organismus, vor allem für Immunzellen. Bestechend hoher Gehalt an sekundären Pflanzenstoffen und Betacarotin.

KALBFLEISCH

Fleisch aus artgerechter Haltung ist hellrot, fettarm und leicht verdaulich. Reich an Eiweiß, leicht verwertbarem Eisen, Zink und Vitamin B, insbesondere Vitamin B_{12}, das nur in tierischen Lebensmitteln vorkommt. Je heller das Fleisch, desto weniger blutbildendes Eisen ist enthalten.

Pro Person kcal 550 E 46 g F 21 g KH 38 g GLUTENFREI

SALTIMBOCCA IN ZITRONENSAUCE MIT DRILLINGEN

Zubereitung 25 Minuten

FÜR 2 PERSONEN

Für die Kartoffeln

Meersalz

12 kleine Drillinge, geschält

Für das Fleisch

6 Scheiben Parmaschinken

6 dünne Kalbsschnitzel (à 50 g)

12 Salbeiblätter

1 EL Butterschmalz

60 g Weißwein

Saft von 1 Zitrone

Meersalz

frisch gemahlener schwarzer Pfeffer

50–60 g kalte Butter, in Stücke geschnitten

Außerdem

6 kleine Holzspieße

- Für die Kartoffeln leicht **gesalzenes** Wasser in einem Topf zum Kochen bringen. Die **Drillinge** darin 18–20 Minuten kochen, dann abgießen.
- In der Zwischenzeit für das Fleisch je eine Scheibe **Parmaschinken** um ein **Kalbsschnitzel** legen, von unten und oben je ein **Salbeiblatt** anlegen und diese mit jeweils einem kleinen Holzspieß feststecken.
- Eine Pfanne bei mittlerer bis hoher Stufe erhitzen. Das **Butterschmalz** darin heiß werden lassen. Die Fleischstücke hineingeben und von beiden Seiten jeweils 2 Minuten braten. Das Fleisch aus der Pfanne nehmen und auf einen vorgewärmten Teller legen.
- Die Pfanne vom Herd nehmen, **Weißwein** und **Zitronensaft** eingießen und durch Rühren den Pfannensatz mit den Röstaromen vom Boden lösen. Mit **Salz** und **Pfeffer** würzen und die **Butter** in den heißen Sud rühren. Das Fleisch zurück in die Pfanne geben und bei geringer Temperatur 1 Minute leicht schwenken. Die Sauce darf auf keinen Fall mehr kochen, sonst gerinnt sie.
- Zum Servieren das Fleisch auf zwei Teller geben und mit der Sauce aus der Pfanne beträufeln. Dazu die Drillinge reichen.

i

SALBEI

Seit der Antike bekanntes Heilkraut (salvare = heilen). Reich an wertvollen ätherischen Ölen (1–2,5 %) wie Cineol, Borneol und Thujon, Gerb- und Bitterstoffen. Wirkung: antibakteriell, entzündungshemmend, magenstärkend, krampflösend und blutreinigend. Auch als Antischwitzmittel bekannt.

GLUTENFREI — Pro Person kcal 675 E 75 g F 39 g KH 3 g

GEBRATENES MAISHÄHNCHEN AUF MANGOLD

Zubereitung 10 Minuten | Marinierzeit mind. 60 Minuten | Garzeit 55–60 Minuten

FÜR 2 PERSONEN

Für das Fleisch

1 küchenfertiges Maishähnchen

1 Biozitrone

Meersalz

1–2 Zweige Rosmarin

1–2 Zweige Thymian

1–2 EL Pflanzenöl

Für das Gemüse

500 g Mangold

25 g Butter

Meersalz

frisch gemahlener schwarzer Pfeffer

- Für das Fleisch das **Hähnchen** unter fließendem kaltem Wasser abwaschen, trocken tupfen und auf ein mit Backpapier ausgelegtes Backblech legen. Die **Zitrone** waschen, halbieren und auspressen. Das Hähnchen rundum mit dem Zitronensaft einreiben und **salzen.** Die ausgepressten Schalenhälften mit den **Kräutern** in den Bauchraum des Hähnchens geben und mindestens 60 Minuten bei Zimmertemperatur marinieren.
- Das Hähnchen mit dem **Pflanzenöl** einreiben und das Backblech in den kalten Backofen auf die mittlere Schiene schieben. Die Temperatur des Ofens auf 210 °C Umluft stellen, nach 15 Minuten auf 180 °C regeln und weitere 40–45 Minuten garen.
- Etwa 20 Minuten vor Ende der Hähnchengarzeit für das Gemüse den **Mangold** waschen und trocken schütteln. Das Mangoldgrün von den Stielen trennen und in breite Streifen schneiden. Die Stiele in dünne Streifen schneiden.
- Eine große Pfanne oder einen großen Wok oder Topf auf hoher Stufe erhitzen. Die **Butter** darin zerlassen. Die Mangoldstiele hineingeben, mit **Salz** würzen und umrühren. Abdecken und 4–5 Minuten köcheln lassen.
- Dann das Mangoldgrün einrühren und abgedeckt weitere 3 Minuten garen. Mit **Salz** und **Pfeffer** abschmecken, umrühren, vom Herd nehmen und abgedeckt noch etwas ziehen lassen.
- Den Mangold auf eine vorgewärmte Platte geben, das fertig gebratene Maishähnchen daraufsetzen und servieren.

MANGOLD

In Vergessenheit geratene herbwürzige, kalorienarme, sehr alte Gemüsesorte und Heilpflanze mit enorm hohem Gehalt an Eiweiß, Kalium, Magnesium, Kalzium, Eisen, Folsäure, den Vitaminen C, B_1, B_2, K und E sowie Betacarotinen, die Zellmembrane und Schleimhäute schützen und Krebs vorbeugen.

Pro Person kcal 595 E 18 g F 19 g KH 87 g LAKTOSEFREI

WASSERMELONENSTÜCKE IM TEIGMANTEL MIT PARMASCHINKEN

Zubereitung 13–15 Minuten

FÜR 2 PERSONEN

700–800 g Wassermelone

500 g Erdnussöl

2 Eiweiß

100 g Speisestärke

abgeriebene Schale und Saft von 1 Biolimette

1 Prise Meersalz

3 EL Weizenmehl (Type 405)

6–8 Scheiben Parmaschinken

- Die **Wassermelone** mit einem großen Messer quer in Scheiben schneiden, die Schale abschneiden und die Melonenscheiben vierteln oder achteln.
- Das **Erdnussöl** in eine tiefe Pfanne gießen und auf hoher Stufe erhitzen. Währenddessen **Eiweiße, Stärke, Limettenschale** und **-saft,** 40 g eiskaltes Wasser und **Salz** in eine Schüssel geben und zu einem glatten Teig verrühren.
- Das **Mehl** auf einen Teller streuen. Die Melonenstücke im Mehl wenden und dann durch den Teig ziehen. Die Melonenstücke im heißen Fett 1–2 Minuten ausbacken, dabei nicht zu viele Stücke auf einmal ins Fett geben, sonst sinkt die Temperatur zu stark ab, und der Teigmantel wird nicht knusprig.
- Die gebackenen Melonenstücke auf Küchenpapier abtropfen lassen. Dann mit dem **Schinken** auf einer Platte anrichten und servieren.

TIPP Die Temperatur des Erdnussöls mit einem Holzlöffelstiel prüfen: Den Stiel ins Öl halten. Bilden sich Bläschen daran, ist das Öl heiß genug.

WASSERMELONE

Durstlöscher, Flüssigkeitslieferant und kalorienarmer Magenfüller durch den hohen Wasseranteil (etwa 90 %). Liefert den sekundären Pflanzenstoff Lycopin und etwas von den Vitaminen A und C sowie Kalium und Kalzium. Stark entwässernde und immunstärkende Wirkung als antioxidativer Schutzschild der Zellen.

LAKTOSEFREI GLUTENFREI

Pro Person kcal 571 E 53 g F 13 g KH 58 g

HÄHNCHENSPIESSE MIT PIKANTEM MELONENSALAT

Zubereitung 30 Minuten

FÜR 2 PERSONEN

Für die Spieße

2 Hähnchenbrustfilets, Fett und Sehnen entfernt

30 g Olivenöl plus etwas Olivenöl zum Einreiben

2 Knoblauchzehen, geschält

1–2 Zweige Rosmarin, Nadeln gehackt

abgeriebene Schale und Saft von 1 Biozitrone

Meersalz

frisch gemahlener schwarzer Pfeffer

1 EL Erdnussöl

Für den Salat

850 g Honigmelone, entkernt und in Spalten geschnitten

1 rote Spitzpaprika, entkernt und in Streifen geschnitten

1 frische große rote Chilischote, entkernt und fein gewürfelt

abgeriebene Schale und Saft von 1 Biozitrone

2–3 Stängel Minze, Blätter in feine Streifen geschnitten

2–3 EL Olivenöl

Meersalz

frisch gemahlener schwarzer Pfeffer

Außerdem

12 Holzspieße

- Für die Spieße die **Hähnchenbrustfilets** jeweils in sechs Streifen schneiden. Das **Olivenöl** in eine Schüssel geben, die **Knoblauchzehen** mit einer Knoblauchpresse hineindrücken. **Rosmarin, Zitronenschale** und **-saft** zugeben, mit **Salz** und **Pfeffer** würzen und gut durchrühren. Die Hähnchenstreifen in die Marinade geben, gut vermengen und 10–15 Minuten marinieren.
- In der Zwischenzeit für den Salat das **Melonenfruchtfleisch** von der Schale schneiden. Das Fruchtfleisch würfeln und in eine Schüssel geben. **Paprika, Chili, Zitronenschale** und **-saft, Minze** und **Olivenöl** zugeben, vermengen und mit **Salz** und **Pfeffer** würzen.
- Die Holzspieße leicht mit **Olivenöl** einreiben und die Fleischstreifen wellenförmig aufspießen.
- Eine Pfanne auf hoher Stufe erhitzen. Das **Erdnussöl** darin heiß werden lassen. Die Spieße im Öl jeweils 2 Minuten von beiden Seiten braten. Den Herd ausschalten und die Spieße noch 2 Minuten in der Pfanne ziehen lassen.
- Die Hähnchenspieße mit dem Melonensalat auf einer Platte anrichten und servieren.

i

HONIGMELONE

Zuckermelonen wie Honig-, Galia- oder Netzmelone weisen unter den Melonen den höchsten Gehalt an Mineralien (Kalium und Kalzium) sowie Vitaminen (Vitamine A und C) auf. Hoher Betacarotingehalt hat schützende Eigenschaften für Augen, Haare und Haut. Entwässernder Immun- und Zellschutz.

ZITRONE

Gesundes Multitalent: Die fruchtige Säure verleiht Speisen und Getränken eine angenehme Frische. Reich an Vitamin C und Antioxidantien sowie verdauungsfördernden Enzymen. Wirkung: antimikrobiell, verdauungs- und immunstärkend sowie Schutzschild für die Zellen.

Pro Person kcal 259 E 38 g F 7 g KH 11 g LAKTOSEFREI GLUTENFREI

GEFLÜGELFRIKADELLEN MIT SALAT UND GEBRATENER MANDARINE

Zubereitung 13–15 Minuten

FÜR 2 PERSONEN
(ergibt 4 Frikadellen)

Für den Salat

1 Handvoll Salatblätter (z. B. Brunnenkresse, Wildkräutersalat oder Blattsalatmischung)

1 EL milder Essig mit Restsüße

Meersalz

1–2 EL Olivenöl

Für Frikadellen und Mandarinen

300 g Hähnchenbrustfilet, Fett und Sehnen entfernt und Fleisch in walnussgroße Stücke geschnitten

½ Bund Petersilie, grob gehackt, plus etwas fein gehackte Petersilie zum Garnieren (nach Belieben)

Meersalz

frisch gemahlener schwarzer Pfeffer

1 EL Erdnussöl

2 Biomandarinen (eventuell mit Grün)

Außerdem

Speisering (∅ 7–9 cm)

- Die **Salatblätter** waschen und trocken schleudern. Beiseitestellen.
- Für die Frikadellen die **Hähnchenbruststücke** mit **Petersilie, Salz** und **Pfeffer** in den elektrischen Zerhacker geben und mit dem Puls-Modus zu einer feinen Masse mixen – das dauert etwa 1 Minute.
- Den Speisering auf Backpapier legen. Ein Viertel der Fleischmasse in den Ring geben und mit einem ins Wasser getauchten Löffel glatt streichen. Den Ring abziehen und auf die gleiche Weise drei weitere Frikadellen formen. Alternativ die Fleischmasse in vier gleich große Portionen teilen und mit feuchten Händen zu Frikadellen formen.
- Eine Pfanne auf mittlerer bis hoher Stufe erhitzen. Das **Erdnussöl** hineingießen und heiß werden lassen. Die Frikadellen darin von beiden Seiten insgesamt 4–5 Minuten braten. Die **Mandarinen** waschen und waagerecht halbieren. Nach dem Wenden der Frikadellen die Mandarinen mit den Schnittflächen nach unten in die Pfanne geben und mitbraten.
- Den Salat auf zwei Teller verteilen, mit dem **Essig** beträufeln, mit etwas **Salz** würzen und das **Olivenöl** darübergeben. Die Frikadellen mit den Mandarinenhälften daneben anrichten, nach Belieben mit **Petersilie** garnieren und servieren.

i

MANDARINE

Mandarinen beeindrucken mit Vitaminreichtum (Vitamine C, B_1, B_6, Folsäure) und hohem Ballaststoffgehalt. Außerdem mit Kalium, Kalzium und Phosphor. Durch viel Fruchtsäure individuell verträglich. Entfernen der weißen Schutzschicht unter der Schale empfohlen.

LAKTOSEFREI GLUTENFREI | Pro Person kcal 814 E 67 g F 50 g KH 20 g

MARINIERTE HÄHNCHENSCHENKEL MIT RATATOUILLE

Zubereitung ca. 15 Minuten | Marinierzeit 30 Minuten | Backzeit 60 Minuten

FÜR 2 PERSONEN

Für das Fleisch

40 g Olivenöl

5 g Chiliflocken

2 EL Ketjap Manis oder eine andere Sojasauce

2 EL Ahornsirup

abgeriebene Schale und Saft von 1 Biolimette

10 Hähnchenunterschenkel

Meersalz

Für das Ratatouille

40 g Olivenöl

100 g Zwiebeln, gewürfelt

2 Knoblauchzehen, gehackt

1–2 Zweige Rosmarin, Nadeln abgezupft

je ½ rote, gelbe und grüne Paprikaschote, entkernt und gewürfelt

½ Zucchini, gewürfelt

½ Aubergine, gewürfelt

Meersalz

frisch gemahlener schwarzer Pfeffer

- Für das Fleisch **Olivenöl, Chiliflocken, Ketjap Manis, Ahornsirup, Limettenschale** und **-saft** in eine Schüssel geben und gut vermengen. Die **Hähnchenunterschenkel** rundum mit **Salz** würzen, zur Marinade in die Schüssel geben, gut vermischen und 30 Minuten marinieren. Zwischendurch immer wieder umrühren.
- Die Schenkel auf ein mit Backpapier ausgelegtes Backblech legen und in den kalten Backofen schieben. Die Temperatur auf 180 °C Umluft stellen, nach 20 Minuten den Ofen auf 160 °C regeln und die Schenkel weitere 40 Minuten knusprig braten.
- Für das Ratatouille das **Olivenöl** in einem Topf auf mittlerer Stufe erhitzen. **Zwiebeln, Knoblauch** und **Rosmarin** zugeben und 1 Minute anschwitzen. Dann die **Paprika** zufügen und 2–3 Minuten garen, dabei zwischendurch umrühren. **Zucchini** und **Aubergine** hineingeben, mit **Salz** und **Pfeffer** würzen und alles vermengen. Den Deckel aufsetzen und 3–5 Minuten köcheln lassen. Zum Schluss noch einmal abschmecken.
- Das Ratatouille mit den fertig gegarten Hähnchenunterschenkeln auf zwei Tellern anrichten und servieren.

RATATOUILLE

Klassisches, leichtes Gemüsegericht aus der Provence im Süden Frankreichs, abgeleitet vom französischen Wort »touiller« = umrühren. Vereint die gesundheitliche Wirkung von Gemüse, Zwiebeln, Knoblauch, Heilkräutern und polyphenolreichem Olivenöl. Warm und kalt wohlschmeckendes Vitalgericht erster Wahl.

Pro Person kcal 206 E 24 g F 8 g KH 9 g LAKTOSEFREI GLUTENFREI

RINDERTATAR MIT PAPAYA

Zubereitung 8–10 Minuten

FÜR 2 PERSONEN

200 g frisch durch den Fleischwolf gedrehtes Rindertatar

50 g Schalotten, fein gewürfelt

1 EL Honigsenf

1 EL gemischte TK-Kräuter

Meersalz

frisch gemahlener schwarzer Pfeffer

170–180 g Papaya, geschält, entkernt und fein gewürfelt

10 Minzblätter

1 EL Olivenöl

Außerdem

Speisering (∅ 9–10 cm)

- **Tatar, Schalotten, Honigsenf** und **Kräuter** in eine Schüssel geben, mit **Salz** und **Pfeffer** würzen und vermengen. Dann die **Papayawürfel** unterrühren.
- Die **Minzblätter** waschen, trocken tupfen, in sehr feine Streifen schneiden und beiseitestellen. Den Speisering auf einen Teller setzen, die Hälfte der Tatarmischung hineingeben und glatt streichen. Den Ring abziehen und auf die gleiche Weise einen zweiten Teller vorbereiten.
- Die Tatarportionen mit den Minzstreifen garnieren. Mit dem **Olivenöl** beträufeln und direkt servieren.

TIPP Dazu passt am besten geröstetes Brot. Das beste Fleisch in Bioqualität erhält man beim Metzger seines Vertrauens, der weiß, wie die Tiere gehalten und geschlachtet wurden. Am besten ist, das Rindfleisch selbst durch den Fleischwolf zu drehen. Wichtig dabei ist, dass die Fleischstücke klein genug geschnitten sind (haselnussgroß) und dass Fleisch und Fleischwolf vorher 60 Minuten im Kühlschrank kalt gestellt wurden.

i

PAPAYA

Eindrucksvolles Obst mit Reichtum an Lycopin und Senfölen, die das Wachstum von Krebszellen hemmen. Enzyme wie Papain dienen als Verdauungshelfer und Entzündungshemmer. Füllhorn an den Vitaminen A, C, E und Betacarotin, außerdem B-Vitamine und Folsäure, Magnesium und Kalium sowie Ballaststoffe.

LAKTOSEFREI GLUTENFREI — Pro Person kcal 402 E 27 g F 27 g KH 12 g

TOMATEN-FLEISCHBÄLLCHEN MIT AVOCADOSALAT UND ZITRONE

Zubereitung 25 Minuten

FÜR 2 PERSONEN
(ergibt 12–16 Fleischbällchen)

200 g Rinderhackfleisch

100 g Zwiebeln, fein gewürfelt

1 Ei (Größe M)

1 gehäufter EL Tomatenmark

1 TL getrocknete Kräuter der Provence

2 EL zarte Haferflocken (alternativ Paniermehl*)

Meersalz

frisch gemahlener schwarzer Pfeffer

1 Biozitrone

1 reife Avocado

4 Stängel Petersilie, gehackt

- Den Backofen 10–15 Minuten auf 160 °C Ober-/Unterhitze vorheizen. Ein kleines Backblech mit Backpapier auslegen.
- **Rinderhackfleisch, Zwiebeln, Ei, Tomatenmark, Kräuter** und **Haferflocken** in eine Schüssel geben, mit **Salz** und **Pfeffer** würzen und vermengen.
- Aus der Masse mit feuchten Händen zwölf bis 16 Hackbällchen formen, auf das vorbereitete Backblech setzen und im vorgeheizten Ofen 18 Minuten garen.
- In der Zwischenzeit die **Zitrone** halbieren, eine Zitronenhälfte auspressen und die andere Hälfte in vier Stücke schneiden. Die **Avocado** halbieren, den Kern entfernen und die Schale abziehen. Das Fruchtfleisch längs in Spalten schneiden und auf zwei Tellern anrichten. Nach Geschmack mit Zitronensaft beträufeln und mit **Salz** und **Pfeffer** würzen.
- Die fertig gebackenen Tomaten-Fleischbällchen neben der Avocado anrichten, je zwei Zitronenstücke zum Ausdrücken dazugeben, mit der **Petersilie** garnieren und heiß genießen.

i

HAFERFLOCKEN

Exzellente Nährstoffbilanz mit reichlich Eiweiß (etwa 13 g/100 g), Mineralien (Magnesium, Phosphor, Eisen und Zink) sowie den Vitaminen B_1 und B_6. Wertvolles Betaglucan als löslicher Ballaststoff sättigt, senkt den Blutzucker- und den Cholesterinspiegel und fördert ein gesundes Darmmilieu.

* Dann wäre das Gericht allerdings nicht mehr glutenfrei.

MIT FISCH
UND MEERESFRÜCHTEN

GLUTENFREI — Pro Person kcal 248 E 27 g F 6 g KH 18 g

WOLFSBARSCHFILET AUF BELUGALINSEN-GEMÜSE

Zubereitung ca. 30 Minuten

FÜR 2 PERSONEN

Für das Linsengemüse

60 g Belugalinsen

60 g Karotte

60 g Petersilienwurzel oder Pastinake

60 g Zwiebel

½ Stange Staudensellerie

20 g Butter

1 Zweig Rosmarin, Nadeln gehackt

Meersalz

frisch gemahlener schwarzer Pfeffer

120–130 g Gemüsebrühe

1 EL milder Weißweinessig

Für den Fisch

2 Wolfsbarschfilets, eventuelle restliche Gräten entfernt und Fisch in 4 Stücke geschnitten

½ TL Sonnenblumenöl

Meersalz

2 Zweige Rosmarin

TIPP Den Fisch beim Braten auf der Hautseite erst dann wenden, wenn man einen knusprigen Rand sehen kann.

- Für das Linsengemüse die **Linsen** in einem Sieb kurz unter fließendem kaltem Wasser abbrausen. Mit 250 g Wasser in einen Topf geben (nicht salzen), zum Kochen bringen und 18–20 Minuten köcheln lassen. In ein Sieb abgießen, unter fließendem kaltem Wasser abspülen und abtropfen lassen.
- Währenddessen **Karotte, Petersilienwurzel, Zwiebel** und **Sellerie** schälen beziehungsweise putzen und in Stücke schneiden. Dann das Gemüse im elektrischen oder mit einem manuellen Zerhacker zerkleinern.
- Die **Butter** auf mittlerer Stufe in einem Topf erhitzen, zerkleinertes Gemüse und **Rosmarin** hineingeben und 2–3 Minuten anschwitzen. Mit **Salz** und **Pfeffer** würzen, dann die **Brühe** angießen, abdecken und 4–5 Minuten köcheln lassen, dabei zwischendurch umrühren. Abgetropfte Linsen und **Essig** zugeben, aufkochen und eventuell nachwürzen.
- Für den Fisch die **Filets** unter fließendem kaltem Wasser abspülen und trocken tupfen. Die Hautseite jeweils zweimal einschneiden.
- Eine beschichtete Pfanne auf mittlerer Stufe erhitzen. Das **Sonnenblumenöl** darin ausstreichen und heiß werden lassen. Die Fleischseite der Fischstücke leicht **salzen,** dann mit der Hautseite in die Pfanne legen und etwa 2 Minuten braten. Den Fisch wenden, den **Rosmarin** mit in die Pfanne geben und 30 Sekunden weiterbraten. Vom Herd nehmen und 1–2 Minuten in der Pfanne ruhen lassen.
- Das Belugalinsen-Gemüse auf zwei Teller verteilen, die Wolfsbarschfilets darauf anrichten und servieren.

i

BELUGALINSEN

Powerpakete mit hohem Nährstoffgehalt an B-Vitaminen, Cholin und Magnesium. Beeindruckender Reichtum an wertvollem pflanzlichem Protein sowie Ballaststoffen. Wirkung: stark sättigend, cholesterin- und blutzuckerspiegelregulierend, positiver Einfluss auf Herz-Kreislauf-System und Nervensystem.

WOLFSBARSCH

Auch »Loup de mer« genannt. Glänzt kulinarisch besonders durch das sehr feine, dezente Aroma des kalorienarmen, festen und grätenarmen Fleisches. Gesundheitlich glänzt er durch hohen Gehalt an Eiweiß (20 g/100 g) sowie den Reichtum an Jod, Magnesium und wertvollen Omega-3-Fettsäuren (0,5 g/100 g).

Pro Person kcal 656 E 35 g F 25 g KH 68 g

GRÜNKERNRISOTTO MIT GARNELEN

Zubereitung 60 Minuten

FÜR 2 PERSONEN

Für das Risotto

30 g Butter

150 g Zwiebeln, halbiert und in Scheiben geschnitten

1 Knoblauchzehe, grüner Keimling entfernt und Zehe gehackt

1 Zweig Rosmarin, Nadeln abgezupft

180 g Grünkern

550 g Gemüsebrühe

40 g Sahne

Meersalz

frisch gemahlener schwarzer Pfeffer

40 g Parmesan, gerieben

Für die Garnelen

150 g Schalotten, geschält

1 EL Sonnenblumenöl

Meersalz

150 g geschälte und gegarte Garnelen aus dem Kühlregal

150 g Tomaten, blanchiert, Haut abgezogen und gewürfelt

½ Bund gemischte Kräuter (z. B. Koriander, Minze und Basilikum), Blätter abgezupft oder gehackt

- Für das Risotto die **Butter** in einen Topf geben und bei mittlerer Temperatur zerlassen. Die **Zwiebeln** mit **Knoblauch** und **Rosmarin** zugeben und 2 Minuten anschwitzen. Den **Grünkern** hinzufügen und 1 Minute unter Rühren mitgaren. Die **Brühe** angießen, zum Kochen bringen, abdecken und 50 Minuten köcheln lassen. Nach der Garzeit die **Sahne** zugießen, kurz aufkochen und mit **Salz** und **Pfeffer** abschmecken.
- Inzwischen für die Garnelen die **Schalotten** der Länge nach halbieren und in die einzelnen Segmente teilen. Eine Pfanne auf mittlerer Stufe erhitzen. Das **Sonnenblumenöl** darin heiß werden lassen. Die Schalotten zugeben, mit etwas **Salz** würzen und unter gelegentlichem Wenden 15–17 Minuten garen.
- Die **Garnelen** kurz unter fließendem kaltem Wasser abspülen, abtropfen lassen und mit Küchenpapier trocken tupfen. Garnelen und **Tomaten** in die Pfanne geben und 1–2 Minuten mitgaren.
- Kurz vor Ende der Garnelengarzeit den **Parmesan** in das Risotto rühren. Die **Kräuter** zu den Garnelen in die Pfanne geben und unterrühren.
- Das Grünkernrisotto auf zwei Teller verteilen, die Garnelenmischung darauf anrichten und servieren.

GRÜNKERN

Altes, aromatisches, sehr bekömmliches Getreide, etwa 1660 in einer Hungersnot aus unreif geerntetem und geröstetem Dinkel entwickelt. Optimale Nervennahrung durch hohen Gehalt an B-Vitaminen, Magnesium und Phosphor. Glänzt mit Eiweiß (etwa 12 g/100 g) und hohem Eisengehalt (4 mg/100 g).

LAKTOSEFREI GLUTENFREI — Pro Person kcal 347 E 40 g F 12 g KH 15 g

GEBRATENER ZANDER AUF ERBSEN-GURKEN-SALAT MIT MINZE

Zubereitung 12–14 Minuten

FÜR 2 PERSONEN

Für den Salat

Meersalz

200 g TK-Erbsen

2 kleine Salatgurken, geschält und in Scheiben geschnitten

50 g Schalotten, halbiert und in Scheiben geschnitten

5 Stängel Minze, Blätter in feine Streifen geschnitten

frisch gemahlener schwarzer Pfeffer

1 EL Weißweinessig

2 EL Sonnenblumenöl

Für den Fisch

½ EL Butterschmalz

340 g Zanderfilet mit Haut, eventuelle restliche Gräten entfernt und Fisch in 4 gleich große Stücke geschnitten

Meersalz

- Für den Salat leicht **gesalzenes** Wasser in einem Topf zum Kochen bringen. Die **Erbsen** darin 2–3 Minuten kochen, in ein Sieb abgießen, unter fließendem kaltem Wasser abschrecken und abtropfen lassen.
- Die **Gurken** mit **Schalotten** und **Minze** in eine Schüssel geben und mit **Salz** und **Pfeffer** würzen. Den **Essig** untermischen, dann das **Sonnenblumenöl** einrühren und zum Schluss die Erbsen zugeben und alles vermengen.
- Für den Fisch eine Pfanne auf mittlerer Stufe erhitzen. Das **Butterschmalz** zugeben und heiß werden lassen. Inzwischen die Hautseite der **Fischfilets** einige Male einschneiden, den Fisch leicht **salzen,** mit der Hautseite in die Pfanne geben und etwa 3 Minuten braten. Die Haut sollte schön knusprig sein, das ist dann der Fall, wenn man sieht, dass der Fischrand knusprig ist. Erst dann den Fisch wenden und noch 2–3 Minuten weiterbraten. Vom Herd nehmen und in der Pfanne noch 1 Minute ziehen lassen.
- Den Erbsen-Gurken-Salat auf zwei Teller verteilen, den Fisch mit der Hautseite nach oben auf dem Salat anrichten und genießen.

TIPP Wenn man die Hautseite des Fisches einschneidet, nimmt es die Spannung heraus, die durch das Garen entsteht. Nach dem Wenden am besten immer einen Spritzschutz auf die Pfanne legen, dann verteilt sich die Hitze besser. Fisch beim Braten auf der Hautseite erst dann wenden, wenn man einen knusprigen Rand sehen kann.

i

ERBSEN

Wichtiger Eiweißlieferant, reich an den Vitaminen C, B_1, B_2, B_3, E und Karotin sowie Magnesium, Kalzium und Kalium. Sekundäre Pflanzenstoffe wie Saponine und Flavone sind günstig für Immunsystem und Zellschutz. Hoher B-Vitamin-Gehalt als optimale Gehirn- und Nervennahrung.

Pro Person kcal 589 E 30 g F 46 g KH 10 g GLUTENFREI

RÄUCHERLACHS AUF ERDNÜSSEN UND MEERRETTICHCREME

Zubereitung 8–10 Minuten

FÜR 2 PERSONEN

Für die Böden

70 g ungesalzene Erdnusskerne

4 getrocknete Soft-Tomaten oder andere getrocknete Tomaten, gewürfelt

20 g Leinsamen

10 g Haferkleie (alternativ Dinkelkleie*)

Meersalz

frisch gemahlener schwarzer Pfeffer

2 EL Olivenöl

Für den Belag

80–100 g Meerrettichfrischkäse

125 g geräuchertes Lachsrückenfilet

½ TL frisch geriebener Meerrettich

Schnittlauch zum Garnieren

Außerdem

Speisering (∅ 8–9 cm)

- Für die Böden die **Erdnüsse** in einer kleinen Pfanne ohne Fettzugabe auf mittlerer Stufe anrösten. Vom Herd nehmen und abkühlen lassen.
- Die Erdnüsse im elektrischen Zerhacker 2–4 Sekunden mixen. Dann **Tomaten, Leinsamen** und **Haferkleie** dazugeben und 6–8 Sekunden mixen. Die Mischung in eine Schüssel geben und mit **Salz** und **Pfeffer** würzen. Dann das **Olivenöl** unterrühren.
- Den Speisering auf einen Teller setzen, die Hälfte der Erdnussmasse hineingeben und gut andrücken.
- Für den Belag die Hälfte vom **Meerrettichfrischkäse** daraufgeben und glatt streichen. Dann den Ring vorsichtig abziehen und auf die gleiche Weise einen zweiten Teller vorbereiten.
- Den **Lachs** in schöne gleichmäßige Stücke schneiden und auf dem Frischkäse anrichten. Den **Meerrettich** über beide Portionen streuen, mit **Schnittlauch** garnieren und servieren.

i

MEERRETTICH

Heilpflanze der Naturapotheke, beeindruckt mit ätherischen Ölen, Flavonoiden (Quercetin), Senfölglycosiden (Allicin, Sinigrin), Mineralien (Eisen, Kalium, Kalzium, Magnesium), Pentosan (Schleimstoff) und Vitaminen (B_1, B_2, B_6 und C). Wirkt antibakteriell, antientzündlich und schleimlösend.

ERDNÜSSE

Botanisch Hülsenfrüchte. Punkten durch Proteine, Fette sowie B-Vitamine, Eisen, Phosphor, Magnesium, Kalium und Kalzium. Die Aminosäure L-Tryptophan stimuliert die Serotoninbildung (Glückshormon) und fördert über die Freisetzung von Melatonin (Schlafhormon) einen erholsamen Schlaf. Ungesalzen empfohlen.

* Dann wäre das Gericht allerdings nicht mehr glutenfrei.

Pro Person kcal 926 E 43 g F 73 g KH 26 g

SELBST GEMACHTE FISCHSTÄBCHEN MIT DILLCREME

Zubereitung ca. 30 Minuten

FÜR 4 PERSONEN

Für die Creme

2 Eier (Größe M)

70 g zimmerwarme Milch

1 TL zimmerwarmer Honigsenf

Meersalz

frisch gemahlener schwarzer Pfeffer

150 g zimmerwarmes Sonnenblumenöl

1 EL zimmerwarmer milder Weißweinessig

150 g saure Sahne

3–4 EL Cornichonsud aus dem Glas

½ Bund Dill, fein gehackt

3–4 Cornichons, klein gewürfelt

Für den Fisch

500 g Erdnussöl

600 g Fischfilet (z. B. Seelachs oder ein anderer weißfleischiger Fisch), eventuelle restliche Gräten entfernt

Meersalz

1 Bund Dill, gehackt

6 EL Dinkelmehl (Type 630)

4 Eier (Größe M)

10–11 EL Paniermehl (alternativ fein zermahlene Haferflocken)

Dill zum Garnieren

- Wasser in einem kleinen Topf zum Kochen bringen. **Eier** darin 8 Minuten kochen. Abgießen, abschrecken, schälen, fein hacken und beiseitestellen.
- Die **Milch** mit **Senf,** einer Prise **Salz** und **Pfeffer** in einen hohen Mixbecher geben und mit dem Stabmixer durchmixen. 80 g **Sonnenblumenöl** in einem dünnen Strahl langsam zugießen und einmixen, dabei den Stabmixer nach unten und oben bewegen.
- **Essig** zugießen, mixen und das restliche **Öl** einarbeiten. Dann die **saure Sahne** mit dem **Cornichonsud** einmixen. In eine Schüssel füllen, **Dill, Cornichons** und Eier unterrühren und gut mit **Salz** und **Pfeffer** abschmecken. Die Dillcreme kalt stellen.
- Für den Fisch das **Erdnussöl** in einer großen, tiefen Pfanne auf hoher Stufe erhitzen. **Fischfilets** abspülen, trocken tupfen, in 16 gleich große, längliche Stücke schneiden und **salzen.**
- Den **Dill** auf einem Teller verteilen. Das **Mehl** auf einen anderen Teller streuen. Die **Eier** in einem tiefen Teller verquirlen. Das **Paniermehl** auf einen weiteren Teller streuen. Die Fischstücke erst im Dill, dann im Mehl wenden, durch das Ei ziehen und zum Schluss im Paniermehl wälzen.
- Die Fischstücke im heißen Öl von beiden Seiten insgesamt 4 Minuten knusprig braten.
- Die Fischstäbchen auf vier Teller legen und mit **Dill** garnieren. Dazu die Dillcreme reichen.

TIPP Alles Panierte braucht viel Fett zum Braten, man sagt auch, es muss darin schwimmen, dann nimmt es auch nur wenig Fett auf.

SEELACHS

Omega-3-Fettsäuren, zum Beispiel Alpha-Linolensäure, EPA (Eicosapentaensäure) und DHA (Docosahexaensäure), als Bausteine der Zellmembran, Schutz des Herz-Kreislauf-Systems und Ausgleich des Lipidprofils (Cholesterin). Reich an den Vitaminen A, B_6, B_{12}, D, E, Folsäure, Fluor, Jod und Kalium.

Pro Person kcal 578 E 32 g F 39 g KH 22 g

PICCATA VOM WELS MIT ROTEM CHICORÉE UND KAISERSCHOTEN

Zubereitung ca. 25 Minuten

FÜR 2 PERSONEN

Für den Fisch

50 g Sahne
1 Ei (Größe L)
35 g Dinkelmehl (Type 630)
40 g Parmesan, gerieben
200 g Welsfilet
2 EL Butterschmalz
½ Biozitrone, geviertelt

Für das Gemüse

½ EL Sonnenblumenöl
2 rote Chicorée, längs jeweils in 6 Spalten geschnitten
3 Frühlingszwiebeln, sehr schräg in Scheiben geschnitten
100 g Kaiserschoten, schräg halbiert
Saft von 1 Zitrone
2 EL Olivenöl
Meersalz
frisch gemahlener schwarzer Pfeffer

- Für den Fisch die **Sahne** mit **Ei, Dinkelmehl** und **Parmesan** in eine Schüssel geben, gut verrühren und den Ausbackteig 10 Minuten quellen lassen.
- Inzwischen für das Gemüse das **Sonnenblumenöl** in einer Pfanne auf mittlerer Stufe erhitzen. Den **Chicorée** darin 2 Minuten anbraten. **Frühlingszwiebeln** und **Kaiserschoten** dazugeben und 2 Minuten garen. Dann **Zitronensaft** und **Olivenöl** zugießen, mit **Salz** und **Pfeffer** abschmecken und beiseitestellen. Warm halten.
- Den **Fisch** unter fließendem kaltem Wasser abspülen, trocken tupfen und in sechs bis acht Stücke schneiden.
- Eine Pfanne auf mittlerer Stufe erhitzen. Das **Butterschmalz** darin heiß werden lassen. Die Fischstücke durch den Ausbackteig ziehen und in der heißen Pfanne von beiden Seiten jeweils 3–4 Minuten knusprig braten.
- Die Fischpiccata mit dem Gemüse auf zwei Tellern anrichten, je zwei **Zitronenstücke** dazulegen und servieren.

TIPP Man kann auch einen anderen Fisch für die Piccata verwenden, am besten eignen sich Fischsorten, die eine relativ weiche Fleischtextur haben. Der Teig hält den Fisch gut zusammen, weshalb er saftig bleibt.

KAISERSCHOTEN

Fein süßlich schmeckend, beeindruckt die leicht verdauliche und roh verzehrbare Hülsenfrucht (Zuckerschote) durch wertvolles Pflanzeneiweiß, gesunde Kohlenhydrate, Ballaststoffe und Provitamin A sowie die Mineralstoffe Eisen, Phosphor und Kalium. Sättigende und cholesterinspiegelregulative Effekte.

LAKTOSEFREI | Pro Person kcal 778 E 36 g F 54 g KH 33 g

GEBRATENER MATJES AUF GURKENSALAT MIT MANGO

Zubereitung ca. 12 Minuten

FÜR 2 PERSONEN

Für Salat und Mango

3 kleine Salatgurken, die Schale streifenweise abgeschält und in Scheiben geschnitten

60 g rote Zwiebel, halbiert und in Scheiben geschnitten

Meersalz

frisch gemahlener schwarzer Pfeffer

1 EL milder Weißweinessig

1 EL Sonnenblumenöl

½ Mango (alternativ Birne verwenden), in Spalten geschnitten

Für den Fisch

4 frische, ungesalzene, küchenfertige ganze Matjes (à 100 g)

2 EL Weizenmehl (Type 405)

1 Ei (Größe L)

4–5 EL Paniermehl

100 g Erdnussöl

- Für den Salat die **Gurken** mit den **Zwiebeln** in eine Schüssel geben, mit **Salz** und **Pfeffer** würzen, mit **Essig** und **Sonnenblumenöl** beträufeln, vermengen und beiseitestellen.
- Für den Fisch die **Matjes** unter fließendem kaltem Wasser abspülen und trocken tupfen.
- Das **Mehl** auf einen Teller streuen. Das **Ei** mit 2 EL Wasser in einem tiefen Teller verquirlen. Das **Paniermehl** auf einen weiteren Teller streuen.
- Das **Erdnussöl** in einer tiefen Pfanne auf hoher Stufe erhitzen. Die Fische aufklappen, alternativ in Hälften teilen, im Mehl wälzen, durch das Ei ziehen und dann gut im Paniermehl wenden. Dann die panierten Fische im heißen Öl von beiden Seiten knusprig braten.
- Den Gurkensalat mit den **Mangospalten** auf zwei Tellern anrichten, die gebratenen Matjes darauflegen und genießen.

TIPP Alles, was paniert wird, benötigt viel Öl zum Ausbacken, dafür eignet sich am besten Erdnussöl. Das Öl kann man nach dem Gebrauch abgekühlt durch ein feines Sieb in ein Glas gießen, kühl lagern und für den nächsten Brateinsatz verwenden.

GURKEN

Unscheinbarer Schlankmacher, der nicht nur reichlich Flüssigkeit liefert, sondern Ballaststoffe, die Vitamine C, B_1 und B_5, Kalium, Betacarotin und antioxidativ wirkende Polyphenole und Flavonoide. Der hohe Anteil des wichtigen Spurenelements Bor bedingt antientzündliche und schmerzlindernde Eigenschaften.

Pro Person kcal 509 E 40 g F 27 g KH 12 g GLUTENFREI

GEBRATENER LACHS AUF AUSTERNPILZEN

Zubereitung 15–17 Minuten

FÜR 2 PERSONEN

Für den Fisch

5–7 g Butter

100 g Weißwein (alternativ Fisch- oder Gemüsefond)

Meersalz

frisch gemahlener schwarzer Pfeffer

360 g Lachsrückenfilet, eventuelle restliche Gräten, Haut und untere Fettschicht entfernt und Fisch halbiert

4 Lorbeerblätter (am besten frische)

Für die Pilze

200 g Austernpilze

1 EL Erdnussöl

80 g Zwiebel, gewürfelt

Meersalz

frisch gemahlener schwarzer Pfeffer

200 g ungesüßter Reis- oder Sojadrink

½ Kästchen Gartenkresse, abgeschnitten

- Für den Fisch den Boden eines größeren flachen Topfes mit der **Butter** einstreichen. **Weißwein** und etwas **Salz** und **Pfeffer** zugeben. Den **Lachs** unter fließendem kaltem Wasser abspülen, mit Küchenpapier trocken tupfen und leicht mit **Salz** würzen.
- Je zwei **Lorbeerblätter** auf die Lachsstücke legen und mit dem Lorbeer nach unten in den Topf legen, sodass der Lachs auf den Blättern liegt. Abdecken und bei mittlerer Temperatur 1–2 Minuten garen, bis der Sud leicht köchelt. Dann auf sehr geringe Temperatur stellen und den Lachs 10–12 Minuten sanft garen. Nicht zu heiß werden lassen, sonst tritt das Eiweiß aus.
- In der Zwischenzeit die **Austernpilze** säubern und größere Exemplare etwas kleiner zupfen.
- Eine Pfanne auf hoher Stufe erhitzen. Das **Erdnussöl** darin heiß werden lassen. Die **Zwiebeln** darin kurz anbraten, bis sie Farbe annehmen. Die Austernpilze zugeben, mit **Salz** und **Pfeffer** würzen, vermengen und 2–3 Minuten braten. Dann den **Reisdrink** zugießen, aufkochen und 1 Minute köcheln lassen. Gut abschmecken und zum Schluss etwas von der **Gartenkresse** mit in die Pfanne geben.
- Die Austernpilze auf zwei Teller verteilen, den Lachs darauf anrichten und mit der restlichen **Gartenkresse** garniert servieren.

i

AUSTERNPILZE

Geschätzt wegen hervorragender Vitalstoffbilanz. Liefert essenzielle Aminosäuren als wertvolle Proteinquelle, Ballaststoffe, Vitamin-B-Komplex (B_1, B_2, B_3, B_6, B_7, B_{12}) für Nervensystem, Vitamin C für Immunsystem und Vitamin D als Osteoporoseschutz. Präbiotische Wirkung auf Darmgesundheit.

LAKTOSEFREI GLUTENFREI | Pro Person kcal 540 E 34 g F 21 g KH 51 g

DORADENFILET AUF WILDREISGEMÜSE

Zubereitung 35 Minuten | Einweichzeit über Nacht

FÜR 2 PERSONEN

Für den Reis

100 g Wildreis

½ EL Kokosöl

120 g Zwiebeln, halbiert und in Scheiben geschnitten

2 Knoblauchzehen, grüner Keimling entfernt und Zehen gehackt

½ Stange Staudensellerie, in dünne Scheiben geschnitten

1 EL Currypulver

100 g Gemüsebrühe oder Wasser

180 g Sojasahne

Meersalz

2 Lorbeerblätter (am besten frische)

1 frische rote Chilischote, entkernt und fein gewürfelt

60 g TK-Maiskörner oder Maiskörner aus der Dose

60 g ausgelöste frische Erbsen oder TK-Erbsen

150 g Tomaten, blanchiert, enthäutet und gewürfelt

frisch gemahlener schwarzer Pfeffer

Für den Fisch

2 große Doradenfilets (à 120–140 g), eventuelle restliche Gräten entfernt und geschuppt

Meersalz

1 EL Kokosöl

- Für das Wildreisgemüse den **Wildreis** in eine Schüssel geben, mit 300 g kaltem Wasser bedecken und über Nacht einweichen.
- Am nächsten Tag den Wildreis in ein Sieb abgießen und in einen Topf geben. 400 g Wasser zugießen, aufkochen und 7 Minuten kochen lassen. Wieder in das Sieb abgießen und abtropfen lassen.
- Für den Fisch die **Doradenfilets** unter fließendem kaltem Wasser abspülen, trocken tupfen und leicht mit **Salz** würzen.
- Das **Kokosöl** für den Reis in einem Topf auf mittlerer Stufe erhitzen. **Zwiebeln, Knoblauch** und **Staudensellerie** zugeben und gut 3 Minuten darin anschwitzen. Das **Currypulver** darüberstreuen und kurz mitgaren. **Brühe** und **Sojasahne** zugießen, aufkochen und 1 Minute köcheln lassen. Mit **Salz** abschmecken, **Lorbeerblätter, Chili, Mais** und **Erbsen** zugeben und 2 Minuten garen. Dann den abgetropften Reis mit den **Tomaten** zugeben und 2–3 Minuten köcheln lassen. Nach Geschmack mit **Salz** und **Pfeffer** abschmecken. Warm halten.
- Inzwischen eine Pfanne auf mittlerer Stufe erhitzen. Das **Kokosöl** für den Fisch zugeben und heiß werden lassen. Die Doradenfilets mit der Hautseite nach unten ins Öl geben und 3–4 Minuten braten. Dann wenden und noch 1–2 Minuten braten.
- Das Wildreisgemüse auf zwei Teller verteilen, die gebratenen Doradenfilets darauf anrichten und servieren.

TIPP Auf Wildreisverpackungen ist meistens eine Kochzeit von 18 Minuten angegeben, ohne ihn vorher einzuweichen. Allerdings wird er erst richtig gut und springt auf, wenn man ihn über Nacht eingeweicht hat, dann kann er seinen nussigen Geschmack entfalten.

i

STAUDENSELLERIE

In Küche und Naturheilkunde beliebt wegen des hohen Gehalts an Kalium (etwa 350 mg/100 g), antioxidativ wirksamem Vitamin C, Betacarotin sowie wertvollen sekundären Pflanzenstoffen, den Polyphenolen. Wirkung: entwässernd, antientzündlich, zellschützend. Neutralisiert überschüssige Magensäure.

DESSERTS

VEGETARISCH — Pro Person kcal 516 E 7 g F 22 g KH 65 g

BIRNEN-CRUMBLE

Zubereitung 10 Minuten | Backzeit 25 Minuten

FÜR 2 PERSONEN

Für die Füllung

50 g getrocknete Süßkirschen oder Rosinen

2 Birnen (insgesamt 350–380 g)

Saft von ½ Zitrone

½ EL Ahornsirup

Für die Streusel

70 g Weizenvollkornmehl

10 g zarte Haferflocken

50 g Butter, gewürfelt

15 g Kokosblütenzucker

1 kleine Prise Meersalz

- Den Backofen auf 180 °C Umluft vorheizen.
- Die **Kirschen** in eine Schüssel geben und mit 20 g kochendem Wasser übergießen.
- **Birnen** schälen, vierteln und entkernen. Dann die Viertel längs halbieren und in Würfel schneiden. Zu den Kirschen geben, **Zitronensaft** und **Ahornsirup** zugießen und alles vermengen. Die Mischung auf zwei kleine Auflaufformen (etwa 400 g Inhalt) verteilen.
- Für die Streusel alle **Zutaten** im elektrischen Zerhacker zu Streuseln verarbeiten. Alternativ die Zutaten mit der Hand verreiben. Die Streusel über die Birnen in den Auflaufformen geben. Im Ofen auf der mittleren Schiene 25 Minuten backen.
- Herausnehmen, die Birnen-Crumbles 5 Minuten abkühlen lassen und genießen.

BIRNEN

Reich an den Vitaminen A, B, C und Folsäure, Magnesium, Kalzium und Zink. Der hohe Eisengehalt hilft gegen Blutarmut, Kiesel- und Phosphorsäure stärken Bindegewebe und Nervensystem. Positive Wirkung auf Entwässerung, Magen-Darm-Entzündungen und Harnsäureausscheidung. Empfohlen bei Säureempfindlichkeit.

Pro Person kcal 259 E 20 g F 4 g KH 34 g VEGETARISCH GLUTENFREI

MANGO-GRATIN

Zubereitung 8 Minuten | Backzeit 12–14 Minuten

FÜR 2 PERSONEN

1 Mango

250 g Magerquark

½ TL Vanillepaste

30 g kristalline Reissüße*

1 Ei (Größe L), getrennt

1 Prise Meersalz

TIPP Wichtig ist es, dass beide Teller in den Backofen passen und dass man eventuell nach der Hälfte der Backzeit die Tellerplätze tauscht, wegen eventueller Hitzeunterschiede im Ofen.

- Den Backofen 10 Minuten auf 190 °C Umluft mit Grillfunktion vorheizen.
- Die **Mango** schälen, aufschneiden und den Stein entfernen. Das Fruchtfleisch in Spalten schneiden und auf zwei ofenfesten Tellern fächerartig anrichten.
- **Quark, Vanille, Reissüße** und **Eigelb** in eine Schüssel geben und mit dem Schneebesen gut durchrühren. Das **Eiweiß** mit dem **Salz** in eine andere Schüssel geben und mit dem Handrührgerät steif schlagen. Den Eischnee unter die Quarkmasse ziehen.
- Quarkmasse gleichmäßig so auf die Mangospalten häufen, dass man noch die Fruchtspitzen sieht. Im vorgeheizten Ofen auf der mittleren Schiene 12–14 Minuten überbacken.
- Das Mango-Gratin herausnehmen, kurz abkühlen lassen und servieren.

i

MANGO

Köstlicher Exot. Beeindruckt mit den Vitaminen B_1, C, E und Folsäure, Kalium, Magnesium und Kalzium sowie einem hohen Anteil Provitamin A: 200 g decken den Tagesbedarf und stärken die Zellerneuerung von Haut, Schleimhaut, Immunsystem und Sehvermögen. Der hohe Gehalt an Wasser (80 %) und Ballaststoffen sättigt.

VANILLE

Als »Königin der Gewürze« bezeichnet. Das aromatische Innere der Schoten mit schwarzen Pünktchen ist das Indiz für echte Vanille. Künstliches Vanillin nicht empfohlen, da hohes Allergiepotenzial. Wirkt als Aphrodisiakum, beruhigend, antidepressiv, lindert Schlafstörungen und Hungergefühl.

* Zuckerform mit geringerer Auswirkung auf den Blutzuckerspiegel und die Insulinreaktion. Erhältlich in Bioläden und Reformhäusern oder im Internet, zum Beispiel unter amazon.de.

VEGETARISCH GLUTENFREI | Pro Person kcal 190 E 6 g F 5 g KH 27 g

BEERENSALAT MIT BIRNE UND JOGHURTNOCKE

Zubereitung 8 Minuten | Abtropfzeit 12 Stunden | Marinierzeit 30 Minuten

FÜR 2 PERSONEN

Für die Creme

250 g Naturjoghurt (3,5 % Fett)

20 g kristalline Reissüße*

½ TL Vanillepaste (alternativ Mark von ½ Vanilleschote)

Für den Salat

180 g gemischte Beeren (z. B. Blaubeeren, Brombeeren, Johannisbeeren, Himbeeren oder Stachelbeeren)

70 g Birne (am besten etwas weichere)

1 EL Ahornsirup

1 Spritzer Zitronensaft

Außerdem

Speisering (∅ 7–8 cm)

- Für die Creme den **Joghurt** mit **Reissüße** und **Vanille** in eine Schüssel geben und gut verrühren. Ein Mulltuch kalt ausspülen, auswringen und ein Sieb damit auslegen. Die Joghurtmischung hineingeben, das Mulltuch an den Enden fest zusammendrehen und etwas von der Flüssigkeit ausdrücken. Dann das Tuch etwas nachfassen, mit dem Sieb auf eine Schüssel setzen und im Kühlschrank 12 Stunden oder über Nacht abtropfen lassen.
- Am nächsten Tag für den Salat die **Beeren** waschen, gut abtropfen lassen, je nach Größe ganz lassen, halbieren oder vierteln und in eine Schüssel geben. Die **Birne** schälen, entkernen, in kleine Würfel schneiden und zu den Beeren geben. **Ahornsirup** und **Zitronensaft** darübergießen, vermengen und mindestens 30 Minuten marinieren.
- Den Speisering auf einen Teller setzen, die Hälfte des Beerensalats hineingeben und glatt streichen. Den Ring vorsichtig abziehen. Dann auf die gleiche Weise einen zweiten Teller vorbereiten.
- Die abgetropfte Joghurtmischung mit zwei nassen Suppenlöffeln zu zwei schönen Nocken formen, je eine Nocke auf die Beerensalatportionen setzen und servieren.

TIPP Anstelle eines Mulltuchs kann man auch ein feinmaschiges Küchentuch nehmen.

BEEREN

Geheimwaffe, von Hildegard von Bingen als Heilpflanze dokumentiert. Reich an Vitamin C, Kalium, Kalzium, Magnesium, Eisen, Phosphor, sekundären Pflanzenstoffen (Anthocyane). Booster für Immunabwehr, Entgiftung, Stoffwechsel, Krebsschutz (Ellagsäure). Salicylsäure ist optimal für die Haut und zum Fiebersenken.

* Zuckerform mit geringerer Auswirkung auf den Blutzuckerspiegel und die Insulinreaktion. Erhältlich in Bioläden und Reformhäusern oder im Internet, zum Beispiel unter amazon.de.

Pro Person kcal 281 E 6 g F 16 g KH 27 g GLUTENFREI

MILCHPUDDING MIT ERDBEERRAGOUT

Zubereitung 25–30 Minuten | Kühlzeit mind. 8 Stunden | Marinierzeit 30 Minuten

FÜR 2 PERSONEN

Für den Milchpudding

2 ½ Blatt Gelatine

75 g Sahne

250 g Milch (3,5 % Fett)

½ TL Vanillepaste

30 g kristalline Reissüße*

Für das Ragout

150 g schöne Erdbeeren

8 Minzblätter, in sehr dünne Streifen geschnitten

10 g kristalline Reissüße*

Außerdem

2 hohe Speiseringe (∅ 8–10 cm)

- Für den Milchpudding die Speiseringe mit doppelt gelegter Frischhaltefolie abdecken und diese mit Gummiringen befestigen. Umdrehen und beiseitestellen.
- Die **Gelatine** in eine Schale geben, mit kaltem Wasser bedecken und 10 Minuten einweichen. Die **Sahne** in einer Schüssel cremig-fest aufschlagen.
- Die **Milch** mit **Vanillepaste** und **Reissüße** in einem Topf zum Kochen bringen und vom Herd nehmen. Die Gelatine ausdrücken und in die heiße, aber nicht mehr kochende Milch rühren.
- Eine Schüssel mit kaltem Wasser und Eiswürfeln füllen. Den Topf hineinsetzen und die Milchmischung mit einem Holzlöffel rühren, bis sie kalt ist und leicht geliert, das dauert 15–20 Minuten. Dann die geschlagene Sahne unterziehen, die Masse in die vorbereiteten Speiseringe füllen und mindestens 8 Stunden in den Kühlschrank stellen.
- Für das Ragout zwei schöne kleine **Erdbeeren** waschen, mit dem Stielansatz halbieren und beiseitelegen. Die restlichen **Erdbeeren** waschen, putzen und abtropfen lassen, in kleine Würfel schneiden und in eine Schüssel geben. Die **Minze** zugeben, die **Reissüße** darüberstreuen, alles vermengen und 30 Minuten durchziehen lassen.
- Je einen Speisering auf einen Teller stürzen, die Folie abnehmen und die Ringe vorsichtig abziehen. Das Erdbeerragout dekorativ um den Milchpudding anrichten. Mit den beiseitegelegten Erdbeerhälften garnieren und servieren.

TIPP Wenn man keine Speiseringe hat, kann man den Milchpudding auch in Gläser oder Schälchen füllen und darin servieren.

* Zuckerform mit geringerer Auswirkung auf den Blutzuckerspiegel und die Insulinreaktion. Erhältlich in Bioläden und Reformhäusern oder im Internet, zum Beispiel unter amazon.de.

i

ERDBEEREN

Höherer Vitamin-C-Gehalt als Zitrusfrüchte. Reich an Kalium, Magnesium, Kalzium, Eisen, Phosphor, Folsäure, Salicylsäure, Anthocyanen (sekundäre Pflanzenstoffe) und antioxidativer Phenolsäure. Stärken Immunsystem, Entzündungshemmung, Wundheilung und Verdauungssystem.

MINZE

Aromatisches Heilkraut und Gewürz mit hohem Gehalt an ätherischen Ölen (Menthol). Bereichert kulinarisch Desserts und herzhafte Speisen. Bewährtes Heilmittel bei Kopfschmerzen, Erkältungen und Magen-Darm-Verstimmungen. Wirkung: kühlend, antiseptisch, antientzündlich und krampflösend.

VEGETARISCH — Pro Person kcal 400 E 23 g F 4 g KH 61 g

QUARKPLÄTZCHEN MIT WARMEN BEEREN

Zubereitung ca. 15 Minuten

FÜR 2 PERSONEN
(ergibt 8 Plätzchen)

Für die Plätzchen

250 g Magerquark

25 g Kokosblütenzucker

35 g Weizenmehl (Type 405)

1 Msp. Backpulver

1 Prise Meersalz

1 Ei (Größe L), getrennt

2 EL Pflanzenöl

kristalline Reissüße* zum Bestäuben

Für die Beerensauce

40 g Kokosblütenzucker

20 g Orangenlikör (alternativ Weißwein)

250 g gemischte Beeren (z. B. Himbeeren, Blaubeeren, Brombeeren)

- Für die Plätzchen **Quark, Kokosblütenzucker, Mehl, Backpulver, Salz** und **Eigelb** in eine Schüssel geben und kräftig durchrühren, alternativ eine Küchenmaschine verwenden. Das **Eiweiß** in einer Schüssel steif schlagen und unter die Quarkmasse ziehen.
- Eine große Pfanne auf mittlerer Stufe erhitzen. Das **Pflanzenöl** darin heiß werden lassen. Die Quarkmasse in acht Portionen hineingeben und im heißen Öl von beiden Seiten jeweils 3–4 Minuten goldbraun braten.
- Währenddessen für die Sauce den **Kokosblütenzucker** mit 1–2 EL Wasser in einen Topf geben und vermengen, sodass der Zucker durchfeuchtet ist. Auf den Herd setzen und die Mischung bei mittlerer Temperatur, ohne zu rühren, karamellisieren lassen.
- **Likör** und 50 g Wasser behutsam zugeben (Vorsicht vor Spritzern!), aufkochen und 2 Minuten köcheln lassen. Dann die **Beeren** zugeben, vermengen, 15 Sekunden köcheln lassen und vom Herd nehmen.
- Die Quarkplätzchen auf zwei Teller legen, die warmen Beeren daneben anrichten, alles mit etwas **Reissüße** bestäuben und servieren.

i

KOKOSBLÜTENZUCKER

Kokosblütenzucker weist im Vergleich zu raffiniertem Zucker mehr Mineralstoffe, Vitamine und sekundäre Pflanzenstoffe und eine geringere Blutzuckerwirkung, einen niedrigeren glykämischen Index (GI) von 35 auf (raffinierter Zucker etwa 65–75 GI). Kann normalen Zucker grammweise ersetzen oder ergänzen.

MAGERQUARK

Kalzium, Kalium, Phosphor, Folsäure und Eiweiß (12 g Eiweiß/100 g) mit ausgeklügelter Aminosäurebilanz, reich an essenziellen verzweigtkettigen Aminosäuren (BCAA), die der Körper nicht selbst bilden kann. Casein stark sättigend, Glutamin unterstützend auf Muskelregeneration und Konzentration.

* Zuckerform mit geringerer Auswirkung auf den Blutzuckerspiegel und die Insulinreaktion. Erhältlich in Bioläden und Reformhäusern oder im Internet, zum Beispiel unter amazon.de.

Pro Person kcal 300 E 11 g F 7 g KH 48 g VEGETARISCH

KLEINE APFELPFANNKUCHEN

Zubereitung 10 Minuten | Quellzeit 30 Minuten

FÜR 2 PERSONEN
(ergibt 6 kleine Pfannkuchen)

70 g Dinkelmehl (Type 630)

1 Ei (Größe L)

25 g kristalline Reissüße* plus etwas Reissüße zum Bestäuben

125 g Milch

1 Prise Meersalz

1 großer Apfel (z. B. Elstar)

Sonnenblumenöl zum Einfetten

- **Mehl, Ei, Reissüße, Milch** und **Salz** in einen hohen Mixbecher geben und mit dem Stabmixer zu einem glatten Teig verarbeiten. Alternativ die Zutaten in eine Schüssel geben und mit dem Schneebesen zu einem glatten Teig verrühren. Den Teig 30 Minuten quellen lassen.
- Den **Apfel** kurz vor dem Braten schälen und auf einem Küchenhobel oder auf einer guten Vierkantreibe in dünne Scheiben hobeln.
- Eine beschichtete Pfanne (∅ 20 cm) auf mittlerer Stufe erhitzen. Eine sehr kleine Menge **Sonnenblumenöl** zugeben und mit Küchenpapier ausstreichen. Ein Sechstel des Teigs in die Pfanne gießen, durch Schwenken gut verteilen, drei Apfelscheiben darauflegen und 1–2 Minuten braten. Dann wenden und noch 1 Minute auf der anderen Seite braten.
- Den fertigen Pfannkuchen auf einem Kuchengitter auskühlen lassen. Auf die gleiche Weise fünf weitere Pfannkuchen backen.
- Die Apfelpfannkuchen auf eine Platte geben, mit etwas **Reissüße** bestäuben und servieren.

ÄPFEL

Mineralstoffbombe mit den wertvollen Ballaststoffen Zellulose und Pektin. Reich an sekundären Pflanzenstoffen, zum Beispiel Polyphenol, den Vitaminen A, B, C und D, Kalium, Kalzium, Eisen, Phosphor und Fruchtzucker. Lindert Entzündungen, Verdauungsbeschwerden, stärkt das Immunsystem und neutralisiert Verdauungsgifte im Darm.

* Zuckerform mit geringerer Auswirkung auf den Blutzuckerspiegel und die Insulinreaktion. Erhältlich in Bioläden und Reformhäusern oder im Internet, zum Beispiel unter amazon.de.

ANHANG

DER EINKAUFS- UND ERNÄHRUNGSASSISTENT FÜR UNSERE KOCHBÜCHER

WWW.MENGENRECHNER.DE
UNSER KOSTENLOSER SERVICE FÜR SIE

Abschreiben oder Abfotografieren war gestern

Rezepte aus unseren Kochbüchern lassen sich kostenlos auf www.mengenrechner.de an die Personenzahl und individuelle Portionsgrößen anpassen und als E-Mail auf Ihr Smartphone schicken oder gleich dort aufrufen. Zutaten lassen sich streichen, neue Zutaten ergänzen.

Rezept- und Zutatenfilter

Suchen Sie zum Beispiel nach veganen, vegetarischen, glutenfreien, laktosefreien Rezepten oder nach Rezepten mit Zutaten, die Sie noch vorrätig haben. Speichern Sie Lieblingsrezepte und Einkaufslisten.

Persönlicher Ernährungsassistent

Sortieren Sie Rezepte nach Kalorien, Kohlenhydraten, Fett- oder Eiweißgehalt. Berechnen Sie wissenschaftlich Ihren täglichen Kalorienbedarf und -verbrauch. Legen Sie Maximalwerte für Kalorien- oder Kohlenhydrataufnahme fest. Führen Sie Tagesprotokolle mit Nährwertbilanz.

Hinweis zu den Seitenzahlen

Die im Mengenrechner genannten Seitenzahlen beziehen sich auf die Hardcover-Ausgabe von *Die 70 einfachsten Gesund-Rezepte*, doch über das Rezeptregister auf Seite 205 in dieser Ausgabe sind alle Rezepte leicht zu finden.

Rezeptregister

Gemüse von A bis Z